(사) 한국어문회 주관
한국한자능력검정회 시행

합격, 실력UP

한자漢字
능력검정시험

〈최신 개정판〉

조규남 엮음

- 핵심정리장
  (자원풀이 포함)
- 쓰기장
- 예상문제

7급·7급 II

태평양저널

조 규 남 (曺圭南)

성균관대학교 문과대학 한문학과 졸업
성균관대학교 대학원 졸업(한문교육전공)
민족문화추진회 국역연수부 졸업
대한민국 미술대전 서예부문 입선(미협)
추사김정희선생추모 전국휘호대회 초대작가
소사벌서예대전 초대작가
도원서예 원장
성균관대학교 강사(「금석서예」지도)
원광대학교 초빙교수

합격보장 자원풀이 **한자능력 검정시험 7급·7급Ⅱ**

2012년 11월 30일   2쇄 인쇄
2025년 1월 20일   15쇄 발행
엮은이 : 조 규 남
펴낸이 : 박 종 수
펴낸곳 : 태평양저널.(서울특별시 영등포구 신길5동 339)
전   화 : (02)834-1806
팩   스 : (02)834-1802
등   록 : 1991. 5. 3.(제03-00468)
ⓒ 조규남2007

정가 9,000원

이 책의 무단 복제, 복사, 전재는 저작권법에 저촉됩니다.
잘못 만들어진 책은 바꾸어 드립니다.

ISBN 89-90642-95-0 13710

감 수 문 (監 修 文)

우리나라는 한자문화권에 속해 있다.

우리는 수천 년 동안 한자(漢字)와 더불어 생활해왔기 때문에 한자는 알게 모르게 우리의 생활 깊숙이 들어와 있다. 한자가 비록 외국의 문자이긴 하지만 우리 민족은 한자를 맹목적으로 받아들인 것이 아니고 한자를 이용하여 우리의 문화를 풍부하게 하는 슬기를 발휘하였다. 지금 우리들에게 남겨진 찬란한 민족문화의 유산이 바로 그것이다. 그러므로 우리는 좋든 싫든 한자를 떠날 수 없게 되어 있다.

그동안 파행적인 어문정책으로 인하여 학생들의 한자학습에 커다란 어려움을 겪기도 하였으나, 근년에 한자학습의 필요성이 새롭게 인식되어 그 열기가 전국적으로 확산되고 있는 것은 늦은 감이 있으나마 지극히 다행스러운 일이다. 특히 초등학교 학생들의 학습 전반에 걸쳐 한자가 차지하는 비중은 거의 절대적이라 할 수 있다. 각 교과목에 나오는 학습용어(學習用語)들이 대부분 한자어로 되어 있어 한자를 익히면 내용의 절반 이상을 저절로 이해할 수 있기 때문이다. 더구나 표의문자(表意文字)인 한자의 특성상 한자학습은 학생들의 사고력을 증진시키고 조어력(造語力)을 향상시킨다. 또한 이 어지러운 시대에 한자학습은 학생들의 인성교육(人性敎育)에도 커다란 공헌을 하고 있다.

이러한 시대적 요구에 부응하여 조규남군이 이 책을 편찬한 것은 참으로 훌륭한 일이라 하겠다. 조규남군은 성균관대학교 한문학과에서 내가 직접 가르친 제자이다. 조군은 성균관대학교 한문학과를 졸업하고 교육대학원에서 한자교육 연구로 석사학위를 취득했으며, 재능교육에서 다년간 한자 학습지 편찬을 주관하다가 뜻한 바 있어 지금은 아담한 교실을 마련하여 학생들에게 한자와 서예를 지도하고 있다. 항상 단정한 몸가짐으로 선비의 품성을 갖춘 조규남군이, 한문학과에서 공부한 한문학 지식과 대학원에서 연구한 학습이론을 바탕으로 펴낸 이 책이 한자를 공부하려는 학생들에게 등대와 같은 길잡이가 되리라는 것은 믿어 의심치 않는다.

성균관대학교 한문학과 교수 문학박사 송 재 소

■ 미리 읽어보는 시험대비 기본지침자료

◆ (사)한국어문회 전국한자능력검정시험

◆ 응시자격
모든 급수에 누구나 응시가능.

◆ 시험일정
1년에 4회 실시(인터넷 www.hangum.re.kr 및 주요 일간지 광고면 참조).

◆ 원서접수
1. 방문접수 : 각 고사장 접수처.
2. 인터넷접수 : www.hangum.re.kr 이용.

◆ 합격자 발표
시험일 한 달 뒤, 인터넷(www.hangum.re.kr)과 ARS(060-800-1100)로 발표함.

◆ **공인급수**는 1급·2급·3급·3급II이며, **교육급수**는 4급·4급II·5급·5급II·6급·6급II·7급·7급II·8급입니다.

❖ (사)한국어문회 **전국한자능력검정시험 급수구분 및 문제유형에 따른 급수별 출제기준**

문제유형 \ 급수구분	8급	7급II	7급	6급II	6급	5급II	5급	4급II	4급	3급II	3급	2급	1급
독음(讀音)	24	22	32	32	33	35	35	35	32	45	45	45	50
한자(漢字) 쓰기	0	0	0	10	20	20	20	20	20	30	30	30	40
훈음(訓音)	24	30	30	29	22	23	23	22	22	27	27	27	32
완성형(完成型)	0	2	2	2	3	4	4	5	5	10	10	10	15
반의어(反義語)	0	2	2	2	3	3	3	3	3	10	10	10	10
뜻풀이	0	2	2	2	2	3	3	3	3	5	5	5	10
동음이의어(同音異義語)	0	0	0	0	2	3	3	3	3	5	5	5	10
부수(部首)	0	0	0	0	0	0	0	3	3	5	5	5	10
동의어(同義語)	0	0	0	0	2	3	3	3	3	5	5	5	10
장단음(長短音)	0	0	0	0	0	0	0	0	3	5	5	5	10
약자(略字)·속자(俗字)	0	0	0	0	0	3	3	3	3	3	3	3	3
필순(筆順)	2	2	2	3	3	3	3	0	0	0	0	0	0
읽기 배정한자	50	100	150	225	300	400	500	750	1,000	1,500	1,817	2,355	3,500
쓰기 배정한자	-	-	-	50	150	225	300	400	500	750	1,000	1,817	2,005
출제문항(개)	50	60	70	80	90	100	100	100	100	150	150	150	200
합격문항(개)	35	42	49	56	63	70	70	70	70	105	105	105	160
시험시간(분)	50	50	50	50	50	50	50	50	50	60	60	60	90

★ 위 출제기준표는 기본지침자료이며, 출제자의 의도에 따라 차이가 있을 수 있습니다.

* 상위급수 한자는 모두 하위급수 한자를 포함하며, 쓰기 배정한자는 바로 아래 급수의 읽기 배정한자이거나 그 범위 내에 있습니다.

차례

3 감수문

4 미리 읽어보는 시험대비 기본지침자료

6 이 책의 활용법

7 기초(基礎) 학습
　　육서 (六書) 　　　　　　　　　　　　　　8
　　한자의 필순 (筆順) 　　　　　　　　　　9
　　부수
　　　1. 부수자(部首字)의 이름과 위치 　　11
　　　2. 부수자의 변형 　　　　　　　　　13
　　자전(字典)에서 한자찾기 　　　　　　　14

15 한자(漢字) 학습
　　신습한자표(新習漢字表) 　　　　　　　16
　　신습한자 익히기 　　　　　　　　　　23
　　약자(略字)·속자(俗字) 익히기 　　　115

123 한자어(漢字語) 학습
　　한자어 독음(讀音) 쓰기 (장단음 포함)　124
　　한자어 쓰기 　　　　　　　　　　　136
　　반의어(反義語) 　　　　　　　　　　164
　　동의어(同義語) 　　　　　　　　　　169
　　동음이의어(同音異義語) 　　　　　　170

173 활용(活用) 학습
　　7급Ⅱ 예상문제(5회분) 　　　　　　　174
　　7급 예상문제(10회분) 　　　　　　　184

213 부록(附錄)
　　한자의 한글맞춤법 　　　　　　　　214
　　읽기장 　　　　　　　　　　　　　217
　　부수자 일람표

이 책의 활용법

- 이 책은 **전국한자능력검정시험**을 위한 수험서입니다.
- 다년간 현장 학습지도(學習指導)로 경험이 많으신 여러 선생님들의 의견을 반영하여 제작하였습니다.

| 학 | 습 | 방 | 법 |

① 한자의 모양(형)·뜻(훈)·소리(음)를 잘 살펴본다.
   핵심정리를 통해 글자의 생성과정(字源 풀이)과 중요점을 확인한다.

② 본보기 한자(漢字)를 쓰는 순서대로 3~5회, 글자 위에 그대로 따라 써 본다.
   다음에 부수(部首)·획수(畫數)·총획(總畫)·훈음(訓音)의 변화 등을 익힌 후,
   빈칸을 채워나간다.

③ 신습한자 칸의 **한자어 독음**(讀音)을 미리 써 본다.
   모두 해당 급수 범위 내의 출제 가능한 한자어만 선정했으므로, 아는 한자어의 독음(讀音)을 써 보고 해답은 뒷면의 복습·쓰기장 에서 확인한다.

④ 한자어의 첫글자 다음에 **장음**(長音=긴소리. :표시)이 온 경우는, 첫글자의 음(音)을
   여러 번 길게 소리내어 읽어본다.

⑤ 한자어(漢字語)는 정확한 뜻풀이를 중심으로 익힌다.
   한자는 의미(意味)를 위주로 하는 표의문자(表意文字)이므로, 그 특성을 충분히 살려
   성어(成語)나 한문 문구(文句)를 이해하도록 한다.

⑥ **약자**(略字)·**반의어**(反義語)·**유의어**(類義語)·**동음이의어**(同音異義語) 등도 출제빈도가
   높으므로 잘 익혀둔다.

⑦ **두음법칙**(頭音法則)·**속음**(俗音)·**사이시옷** 등, 정확한 한글 맞춤법을 알아 둔다.

⑧ **예상문제**를 풀어가며 최종 정리한다.

⑨ **읽기장**은 공부할 때마다 훈음(訓音)을 가리고 입과 눈으로 익힌다.

 이 학습서가 한자학습(漢字學習)의 좋은 길잡이가 되어 공부에 자신감이 생기기를 진심으로
바라는 바입니다.

엮은이   **조 규 남** 드림

기초(基礎) 학습

- 육서(六書)
- 한자의 필순(筆順)
- 부수(部首)
- 자전(字典)에서 한자찾기

육서(六書)

　육서(六書)는 상형문자/지사문자/회의문자/형성문자/전주문자/가차문자를 말하며, 각각 일정한 규칙에 의해 그 구성과 응용 방법에 따라 나누어진 것이다.
　문자(文字)라는 말은 육서(六書) 중에서 문(文) 부분은 단독의 뜻을 가지고 있는 상형과 지사를 말하며, 자(字) 부분은 이미 만들어진 문(文)의 의미를 조합하여 기본 글자를 불려나갔으니 회의와 형성이 여기에 해당된다. 따라서 문(文)과 자(字)는 한자를 만드는 원리를 대표하는 말인 셈이다. 그 외에 전주와 가차는 이미 만들어진 문자(文字)를 활용하는 편에 속한다고 할 수 있다.

1. 상형문자(象形文字): 구체적임

구체적인 사물의 모양을 본떠서 만든 글자.
　예) 日(해 일), 月(달 월), 馬(말 마), 山(메 산) 등.

2. 지사문자(指事文字): 추상적임

추상적인 생각이나 뜻을 점이나 선, 또는 부호로 나타낸 글자.
　예) 一(한 일), 上(위 상), 下(아래 하), 本(근본 본), 末(끝 말) 등.

3. 회의문자(會意文字): 뜻부분(意) + 뜻부분(意)

이미 만들어진 둘 이상의 글자들을 결합하여 그것들로부터 연관되는 새로운 뜻을 가지도록 만들어진 글자.
　예) 男[사내 남 → 田:밭　전 + 力:힘　력] ⇒ 논밭(田)의 일터에서 힘써(力) 일하는 '사내'
　　　休[쉴　휴 → 亻:사람 인 + 木:나무 목] ⇒ 사람(亻)이 나무(木) 그늘 밑에서 '쉼'

4. 형성문자(形聲文字): 뜻을 포함한 부분(形) + 음부분(聲)

이미 만들어진 글자를 결합하여 새로운 뜻을 나타내되, 일부는 뜻(形)을 나타내고 일부는 음(聲)을 나타내는 글자.
　예) 頭[머리 두 ⇒ 頁:머리 혈 + 豆:콩 두], 空[빌 공 ⇒ 穴:구멍 혈 + 工:장인 공] 등.

5. 전주문자(轉注文字): 뜻부분 위주

이미 만들어진 글자를 가지고 그 뜻을 유추(類推)하여 다른 뜻으로 굴리고(轉) 끌어대어(注) 활용하는 글자.
　예) 樂(풍류 악 / 즐길 락 / 좋아할 요), 老(늙은이 로 / 익숙할 로) 등.

6. 가차문자(假借文字): 음부분 위주

이미 만들어진 글자를 본래의 뜻에 관계 없이 음만 빌려다가 쓰는 글자.
　예) 亞細亞(아세아 : Asia), 佛陀(불타 : Buddha), 丁丁(정정 : 도끼로 나무를 찍는 소리), 可口可樂(코카콜라 : Coca cola) 등.

한자의 필순(筆順)

한자의 필순(筆順)은 절대적인 규칙이 있는 것은 아니지만, 오랜 세월동안 여러 사람의 체험을 통해서 붓글씨의 획(劃)을 쓰기위한 일반적인 순서가 갖추어졌다고 할 수 있다. 글자의 모양이 아름다우면서 빠르고 정확하게 쓸 수 있는 방법이 필요했던 것이다. 붓글씨의 획(劃)은 점(點)과 선(線)으로 이루어져있는데, 필순은 이 점과 선으로 구성된 획을 쓰는 순서를 말한다. 특히, 행서(行書)와 초서(草書)의 경우에는 쓰는 순서에 따라 그 한자의 모양새가 달라진다.

필순(筆順)의 기본원칙(基本原則)은 다음과 같다. 예외적인 경우도 잘 알아두어야 한다.

1. 위에서 아래로 긋는다.

  三 ⇨ 三 三 三

2. 왼쪽에서 오른쪽으로 긋는다.

  川 ⇨ 川 川 川

3. 가로획을 먼저 쓰고 세로획은 나중에 긋는다.

  十 ⇨ 十 十   田 ⇨ 田 田 田 田 田

  主 ⇨ 主 主 主 主 主 佳 ⇨ 佳 佳 佳 佳 佳 佳 佳 佳

  馬 ⇨ 馬 馬 馬 馬 馬 馬 馬 馬 馬 馬

  [예외] ++(초두머리) ⇨ ++ ++ ++ ++

4. 삐침(丿)을 파임(乀)보다 먼저 긋는다.

  入 ⇨ 入 入   及 ⇨ 及 及 及 及

- **삐침(丿)을 나중에 긋는 경우도 있다.**

  力 ⇨ 力 力   方 ⇨ 方 方 方 方

5. 좌우(左右)로 대칭일 때는 가운데 획을 먼저 긋는다.

  小 ⇨ 小 小 小   水 ⇨ 水 水 水 水

  山 ⇨ 山 山 山   出 ⇨ 出 出 出 出 出

  雨 ⇨ 雨 雨 雨 雨 雨 雨 雨 雨

  [예외] 火 ⇨ 火 火 火 火 來 ⇨ 來 來 來 來 來 來 來 來

6. 글자 전체를 꿰뚫는 획은 나중에 긋는다.

中 ⇨ 中中中中　　　　　車 ⇨ 車車車車車車車

事 ⇨ 事事事事事事事事

手 ⇨ 手手手手

子 ⇨ 子子子　　　　　女 ⇨ 女女女

母 ⇨ 母母母母母

[예외] 世 ⇨ 世世世世世

7. (오른쪽 위의) 점은 맨 나중에 찍는다.

太 ⇨ 太太太太　　　　　寸 ⇨ 寸寸寸

代 ⇨ 代代代代代

求 ⇨ 求求求求求求求

8. 안을 둘러싸고 있는 한자는 바깥부분을 먼저 쓰고, 밑부분은 맨 나중에 긋는다.

四 ⇨ 四四四四四

國 ⇨ 國國國國國國國國國

門 ⇨ 門門門門門門門門

9. 받침(辶, 廴)은 맨 나중에 긋는다.

建 ⇨ 建建建建建建建建建

近 ⇨ 近近近近近近近近

[예외] 起 ⇨ 起起起起起起起起起

題 ⇨ 題題題題題題題題題題題題題題題

부수(部首)

1. 부수자(部首字)의 이름과 위치

이 름	위 치	해 당 한 자
제부수	■	手(손 수)　　日(해 일)　　月(달 월) 人(사람 인)　馬(말 마) 등.
몸	ꓛꓘ 口 ꓛ 凵 ꓘ	멀경몸 - 冊(책 책)　再(두 재) 등. 큰입구몸 - 國(나라 국)　因(인할 인) 등. 에운담몸 - 問(물을 문)　街(거리 가) 등. 위튼입구몸 - 出(날 출)　凶(흉할 흉) 등. 튼입구몸 - 匠(장인 장)　匣(갑 갑) 등. 감출혜몸 - 區(구역 구)　匹(짝 필) 등. 쌀포몸 - 包(쌀 포)　勿(~하지말 물) 등.
머리	⌐	돼지머리해 - 亡(망할 망)　交(사귈 교) 등. 민갓머리 - 冠(갓 관)　冥(어두울 명) 등. 갓머리 - 家(집 가)　安(편안할 안) 등. 대죽머리 - 第(차례 제)　笑(웃을 소) 등. 필발머리 - 發(필 발)　登(오를 등) 등. 초두머리 - 花(꽃 화)　草(풀 초) 등.
발	⌂	어진사람인발 - 兄(형 형)　兒(아이 아) 등. 천천히걸을쇠발 - 夏(여름 하) 등. 스물입발 - 弄(희롱할 롱) 등. 연화발 - 然(그럴 연) 등.

이 름	위 치	해 당 한 자
좌부**변**	⌐	이수변 – 冷(찰 **랭**) 涼(서늘할 **량**) 등. 두인변 – 德(덕 **덕**) 後(뒤 **후**) 등. 심방변 – 性(성품 **성**) 悟(깨달을 **오**) 등. 재방변 – 投(던질 **투**) 打(칠 **타**) 등. 장수장변 – 牀(평상 **상**) 등. 개사슴록변 – 犯(범할 **범**) 狗(개 **구**) 등. 구슬옥변 – 理(다스릴 **리**) 球(공 **구**) 등. 죽을사변 – 死(죽을 **사**) 殃(재앙 **앙**) 등. 삼수변 – 江(강 **강**) 海(바다 **해**) 등. 보일시변 – 神(귀신 **신**) 社(단체 **사**) 등. 육달월변 – 肝(간 **간**) 能(능할 **능**) 등. 좌부방변 – 防(막을 **방**) 陵(언덕 **릉**) 등.
우부**방**	ㄱ	병부절방 – 印(도장 **인**) 卵(알 **란**) 등. 우부방 – 郡(고을 **군**) 鄕(시골 **향**) 등.
엄	⌐	민엄호 – 原(근원 **원**) 厄(재앙 **액**) 등. 주검시엄 – 尾(꼬리 **미**) 尺(자 **척**) 등. 엄호 – 庭(뜰 **정**) 度(법도 **도**) 등. 기운기엄 – 氣(기운 **기**) 등. 병질엄 – 病(병들 **병**) 疾(병 **질**) 등. 늙을로엄 – 老(늙을 **로**) 者(놈 **자**) 등. 범호엄 – 虎(범 **호**) 號(부르짖을 **호**) 등.
책**받침**	ㄴ	민책받침 – 廷(조정 **정**) 建(세울 **건**) 등. 책받침 – 近(가까울 **근**) 道(길 **도**) 등.

2. 부수자(部首字)의 변형

부수자	변형 부수자	해당 한자
人(사람 인)	亻(사람인변)	仁(어질 인) 등.
刀(칼 도)	刂(선칼도방)	利(이로울 리) 등.
川(내 천)	巛(개미허리)	巡(순행할 순) 등.
彐(돼지머리 계)	彐 彑(튼가로왈)	彗(비 혜) 彘(돼지 체) 등.
攴(칠 복)	攵(등글월문)	敎(가르칠 교) 등.
心(마음 심)	忄(심방변)	情(뜻 정) 등.
手(손 수)	扌(재방변)	指(손가락 지) 등.
水(물 수)	氵(물수변)	法(법 법) 등.
火(불 화)	灬(연화발)	熱(더울 열) 등.
玉(구슬 옥)	王(구슬옥변)	珍(보배 진) 등.
示(보일 시)	礻(보일시변)	礼(예도 례) 등.
絲(실 사)	糸(실사변)	結(맺을 결) 등.
老(늙을 로)	耂(늙을로엄)	考(상고할 고) 등.
肉(고기 육)	月(육달월변)	肥(살찔 비) 등.
艸(풀 초)	⺿ ⺾(초두머리)	茶(차 다) 등.
衣(옷 의)	衤(옷의변)	複(겹칠 복) 등.
辵(쉬엄쉬엄갈 착)	辶(책받침)	通(통할 통) 등.
邑(고을 읍)	阝(우부방)-오른쪽에 위치	都(도읍 도) 등.
阜(언덕 부)	阝(좌부방변)-왼쪽에 위치	限(한정 한) 등.

자전(字典)에서 한자찾기

'자전(字典)'을 따로 '옥편(玉篇)'이라고도 한다.
한자의 부수(部首) 214자에 따라 분류한 한자를 획수의 차례로 배열하여 글자마다 우리말로 훈(뜻)과 음을 써 놓은 책이다.
자전(字典)에서 한자를 찾는 방법은 크게 아래의 세 가지 방법이 있다.

1.「부수 색인(部首索引)」 이용법

부수한자 214자를 1획부터 17획까지의 획수에 따라 분류해서 만들어 놓은 「부수 색인(部首索引)」을 이용한다.

> **<보기>** '地' 자를 찾는 경우
> ① '地'의 부수인 '土'가 3획이므로 「부수 색인」 3획에서 '土'를 찾는다.
> ② '土' 자 옆에 적힌 쪽수에 따라 '土(흙 토)' 부를 찾아 펼친다.
> ③ '地' 자에서 부수를 뺀 나머지 부분(也)의 획이 3획이므로, 다시 3획 난의 한자를 차례로 살펴 '地' 자를 찾는다.
> ④ '地(땅 지)' 자의 훈과 음을 확인한다.

2.「총획 색인(總畫索引)」 이용법

「부수 색인(部首索引)」으로 한자를 찾지 못한 경우는 글자의 총획을 세어서 획수별로 구분하여 놓은 「총획 색인(總畫索引)」을 이용한다.

> **<보기>** '乾' 자를 찾는 경우
> ① '乾' 자의 총획(11획)을 센다.
> ② 총획 색인 11획 난에서 '乾' 자를 찾는다.
> ③ '乾' 자 옆에 적힌 쪽수를 펼쳐서 '乾' 자를 찾는다.
> ④ '乾(하늘 건)' 자의 훈과 음을 확인한다.

3.「자음 색인(字音索引)」 이용법

한자음을 알고 있을 때는 가나다 순으로 배열된 「자음 색인(字音索引)」을 이용한다.

> **<보기>** '南' 자를 찾는 경우
> ① '南' 자의 음이 '남'이므로 「자음 색인(字音索引)」에서 '남' 난을 찾는다.
> ② '남' 난에 배열된 한자들 중에서 '南' 자를 찾는다.
> ③ '南' 자 아래에 적힌 쪽수를 찾아 펼친다.
> ④ '南(남녘 남)' 자의 훈과 음을 확인한다.

한자(漢字) 학습

- 신습한자표
- 신습한자 익히기
- 약자·속자 익히기

7급·7급Ⅱ 신습한자 ①

7급 신습한자 : 100자, 총 학습자 : 150자(8급 50자 포함). 쓰기배정한자 없음.

* **7급Ⅱ** 읽기배정한자 : 100자(8급 50자 포함). 쓰기배정한자 없음.

형(形)	훈(訓)	음(音)	형(形)	훈(訓)	음(音)	형(形)	훈(訓)	음(音)
家*	집	가	登	오를	등	上*	윗	상
歌	노래	가	來	올	래	色	빛	색
間*	사이	간	力*	힘	력	夕	저녁	석
江*	강	강	老	늙을	로	姓*	성	성
車*	수레 수레	거 차	里	마을	리	世*	인간	세
工*	장인	공	林	수풀	림	少	적을 젊을	소 소
空*	빌	공	立*	설	립	所	바	소
口	입	구	每*	매양	매	手*	손	수
記*	기록할	기	面	낯	면	數	셈	수
氣*	기운	기	名*	이름	명	市*	저자	시
旗	기	기	命	목숨	명	時*	때	시
男*	사내	남	文	글월	문	食*	밥 먹을	식 식
內*	안	내	問	물을	문	植	심을	식
農*	농사	농	物*	물건	물	心	마음	심
答*	대답	답	方*	모 방향	방 방	安*	편안	안
道*	길	도	百	일백	백	語	말씀	어
冬	겨울	동	夫	지아비	부	然	그럴	연
同	한가지	동	不*	아닐 아닐	불 부	午	낮	오
洞	골	동	事*	일	사	右	오른	우
動*	움직일	동	算	셈	산	有	있을	유

7급·7급 II 신습한자 ②

형(形)	훈(訓)	음(音)	형(形)	훈(訓)	음(音)	형(形)	훈(訓)	음(音)
育	기를	육	主	임금 주인	주 주	便	편할 오줌	편 변
邑	고을	읍	住	살	주	平*	평평할	평
入	들	입	重	무거울	중	下*	아래	하
子*	아들	자	地	땅	지	夏	여름	하
字	글자	자	紙	종이	지	漢*	한수 한나라	한 한
自*	스스로	자	直*	곧을	직	海*	바다	해
場*	마당	장	川	내	천	花	꽃	화
全*	온전	전	千	일천	천	話*	말씀	화
前*	앞	전	天	하늘	천	活*	살	활
電*	번개	전	草	풀	초	孝*	효도	효
正*	바를	정	村	마을	촌	後*	뒤	후
祖	할아비	조	秋	가을	추	休	쉴	휴
足*	발	족	春	봄	춘			
左*	왼	좌	出	날	출			

7급·7급Ⅱ 신습한자 ①

7급 신습한자 : 100자, 총 학습자 : 150자(8급 50자 포함). 쓰기배정한자 없음.
* **7급Ⅱ** 읽기배정한자 : 100자(8급 50자 포함). 쓰기배정한자 없음.

형(形)	훈(訓) 음(音)	형(形)	훈(訓) 음(音)	형(形)	훈(訓) 음(音)
家*		登		上*	
歌		來		色	
間*		力*		夕	
江*		老		姓*	
車*		里		世*	
工*		林		少	
空*		立*		所	
口		每*		手*	
記*		面		數	
氣*		名*		市*	
旗		命		時*	
男*		文		食*	
內*		問		植	
農*		物*		心	
答*		方*		安*	
道*		百		語	
冬		夫		然	
同		不*		午*	
洞		事*		右*	
動*		算		有	

7급·7급Ⅱ 신습한자 ②

형(形)	훈(訓) 음(音)	형(形)	훈(訓) 음(音)	형(形)	훈(訓) 음(音)
育		主		便	
邑		住		平*	
入		重		下*	
子*		地		夏	
字		紙		漢*	
自*		直*		海*	
場*		川		花	
全*		千		話*	
前*		天		活*	
電*		草		孝*	
正*		村		後*	
祖		秋		休	
足*		春			
左*		出			

7급·7급 Ⅱ   신습한자 ①

형(形)	훈(訓)	음(音)	형(形)	훈(訓)	음(音)	형(形)	훈(訓)	음(音)
	집	가		오를	등		윗	상
	노래	가		올	래		빛	색
	사이	간		힘	력		저녁	석
	강	강		늙을	로		성	성
	수레 수레	거 차		마을	리		인간	세
	장인	공		수풀	림		적을 젊을	소 소
	빌	공		설	립		바	소
	입	구		매양	매		손	수
	기록할	기		낯	면		셈	수
	기운	기		이름	명		저자	시
	기	기		목숨	명		때	시
	사내	남		글월	문		밥 먹을	식 식
	안	내		물을	문		심을	식
	농사	농		물건	물		마음	심
	대답	답		모 방향	방 방		편안	안
	길	도		일백	백		말씀	어
	겨울	동		지아비	부		그럴	연
	한가지	동		아닐 아닐	불 부		낮	오
	골	동		일	사		오른	우
	움직일	동		셈	산		있을	유

7급·7급Ⅱ 신습한자 ②

형(形)	훈(訓)	음(音)	형(形)	훈(訓)	음(音)	형(形)	훈(訓)	음(音)
	기를	육		임금 주인	주 주		편할 오줌	편 변
	고을	읍		살	주		평평할	평
	들	입		무거울	중		아래	하
	아들	자		땅	지		여름	하
	글자	자		종이	지		한수 한나라	한 한
	스스로	자		곧을	직		바다	해
	마당	장		내	천		꽃	화
	온전	전		일천	천		말씀	화
	앞	전		하늘	천		살	활
	번개	전		풀	초		효도	효
	바른	정		마을	촌		뒤	후
	할아비	조		가을	추		쉴	휴
	발	족		봄	춘			
	왼	좌		날	출			

▲ 글씨를 쓰는 바른 자세

연필 쥐는 법 ▶

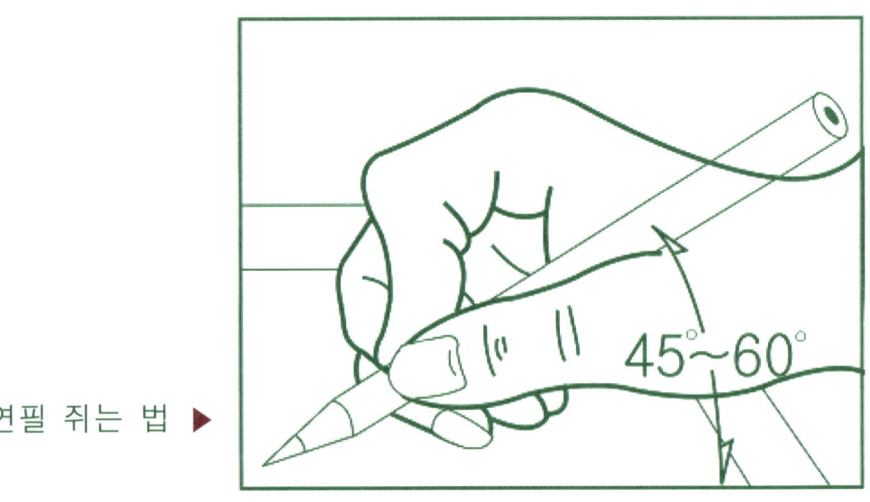

다음 그림에 알맞은 한자(漢字)의 뜻(訓)과 음(音)을 연결 지어 보시오.

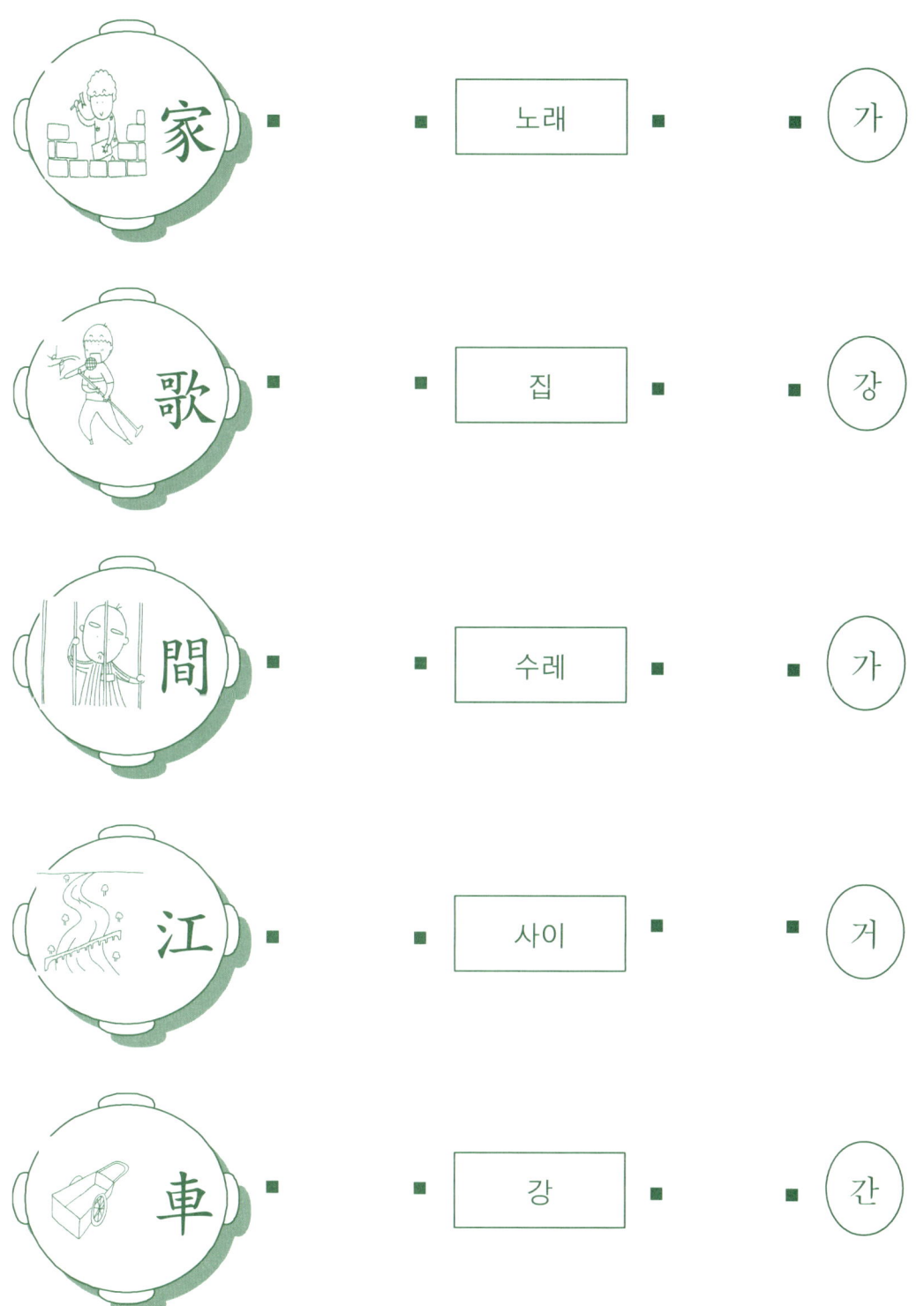

○ 핵심정리장 1　　　　　　　　　　　　　　⬇ 자세히 읽어 보세요.

자원풀이 및 핵심정리

 囝 囝 家 家 **家**　　집　　가
　　　　　　　　　　　　　　　전문가　가

　옛날에는 도움을 얻기 위해 돼지를 한 지붕 밑인 '집'에서 키웠다는 뜻의 자로, 집이라는 공간은 어떤 일을 해 나갈 수 있는 능력을 갖춘 '전문가'로 키워내는 곳이라는 뜻도 있습니다.

 哥 哥 歌 歌 **歌**　　노래　가

　옳다! 옳다! 라고 말하거나 하품할 때처럼 입을 크게 벌리고 '노래'한다는 뜻을 가진 자입니다.
　• 부수는 欠(하품 흠).

 閒 閒 間 **間**(:)　　사이(틈)　간

　햇살이 대문의 틈 '사이'로 들어온다는 뜻의 자이다.
　• 앞 글자를 길게 또는 짧게도 읽음.
　• 問(물을 문), 間(사이 간).

 江 江 江 **江**　　강(물)　강

　물줄기가 크게 굽이치는 양쯔 '강'을 본래 나타낸 자로, 대체로 강물을 뜻합니다.

 車 車 車 車 **車**　　수레　거
　　　　　　　　　　　　　　　수레(차)　차

　바퀴 달린 '수레'를 옆에서 본 모양을 본뜬 자이다.
　• 일자다음어임. 거·차
　• 사람의 힘으로 움직이는 수레일 때는 '거'로, 동물이나 동력을 이용할 때는 '차'로 읽음.

7급(7급Ⅱ)-1

월   일 【시 간】   ~

❖ 각 한자어의 독음(讀音)은 바로 뒷면 아랫부분에 ⇩

家 집 전문가 가	宀 부수 7획, 총 10획.	( )부수 ( )획, 총 ( )획.
	家口 家內 家長 家門 家事 大家	

歌 노래 가	欠 부수 10획, 총 14획.	( )부수 ( )획, 총 ( )획.
	歌手 校:歌 軍歌 國歌	

間 사이(틈) 간	門 부수 4획, 총 12획.	( )부수 ( )획, 총 ( )획.
	間:間 間:食 間:色	

江 강(물) 강	氵水 부수 3획, 총 6획.	( )부수 ( )획, 총 ( )획.
	江山 江南 江北 江村	

車 수레 거 수레(차) 차(찻)	車 부수 0획, 총 7획.	( )부수 ( )획, 총 ( )획.
	車內 車道 車間 火:車 人力車	

25

7급(7급Ⅱ)-1-복습·쓰기장

♣ **아래의 빈칸을 채우시오.**

【금일학습】

家						
집 가						
歌						
노래 가						
間						
사이 간						
江						
강 강						
車						
수레 거						

가구 가내 가장 가문 가사 대가
가수 교가 군가 국가
간간 간식 간색
강산 강남 강북 강촌
차내 차도 찻간 화차 인력거

다음 그림에 알맞은 한자(漢字)의 뜻(訓)과 음(音)을 연결 지어 보시오.

○ 핵심정리장 2　　　　　　　　　　　　⬇ 자세히 읽어 보세요.

자원풀이 및 핵심정리

　　　　　　　　　　장인　공
　　　　　　　　　　　　　　　　　　　만들어낼　공

무엇을 '만들어내는' 공구의 모양을 본뜬 자로, 그 공구를 이용하여 일하는 사람인 '장인'의 뜻도 있습니다.

　　　　　　　　　　빌(빈)　공
　　　　　　　　　　　　　　　　　　　하늘　공

공구를 이용하여 파낸 구멍이 휑하니 '비어' 있다는 뜻의 자입니다.
• 부수는 穴(구멍 혈)임.

　　　　　　　　　　입　구

벌린 '입'의 모양을 본뜬 자로, 입은 먹고·말하고·입맞춤을 하는 고유 기능이 있다는 뜻의 자입니다.
• 앞 글자를 길게 또는 짧게도 읽음.

　　　　　　　　　　기록할　기

사람만이 일의 실마리가 되는 말들을 글이나 기호로 '기록한다'는 뜻의 자입니다.

　　　　　　　　　　기운　기

쌀 등의 곡식을 씻어 솥에 넣고 불을 지피면 냄새를 뿜어내는 '기운'이 생겨난다는 뜻의 자입니다.

7급(7급Ⅱ)-2

월　　　일　【시 간】　　　～
❖ 각 한자어의 독음(讀音)은 바로 뒷면 아랫부분에 ⇩

工 장인 공 / 만들어낼 공	工 부수 0획, 총 3획.	(　)부수 (　)획, 총 (　)획.
	工夫　　工場　　工學	

空 빌(빈) 공 / 하늘 공	穴 부수 3획, 총 8획.	(　)부수 (　)획, 총 (　)획.
	空間　　空軍　　空中　　空白　　空氣	

口 입 구	口 부수 0획, 총 3획.	(　)부수 (　)획, 총 (　)획.
	口:語　　人口　　出入口	

記 기록할 기	言 부수 3획, 총 10획.	(　)부수 (　)획, 총 (　)획.
	記事　　記入　　手記	

氣 기운 기	气 부수 6획, 총 10획.	(　)부수 (　)획, 총 (　)획.
	氣力　　氣色	

7급(7급Ⅱ)-2-복습·쓰기장

♣ **아래의 빈칸을 채우시오.**　　　　　　　　　　　　　　　　　【지난학습】

집 **가**	노래 **가**	사이 **간**	강 **강**	수레 **거**

【금일학습】

工 장인 공						
空 빌 공						
口 입 구						
記 기록할 기						
氣 기운 기						

공부　공장　공학
공간　공군　공중　공백　공기
구어　인구　출입구
기사　기입　수기
기력　기색

■ 다음 그림에 알맞은 한자(漢字)의 뜻(訓)과 음(音)을 연결 지어 보시오.

○ 핵심정리장 3   ⬇ 자세히 읽어 보세요.

자원풀이 및 핵심정리

旗 旗 旗 旗   기(깃발) 기

보이도록 높이 매달아 놓아 바람에 펄럭이는 '기(깃발)'를 나타낸 자입니다.

男 男 男 男 男   사내(남자) 남

논밭의 일터에 나가 부지런히 힘써 일하는 '사내'를 뜻하는 자입니다.
- **남녀**(男 ↔ 女)는 서로 반의어임.

内 内 内 内 內   안(안쪽) 내
                여관(궁녀) 나

들어갈 수 있는 어떤 공간의 '안'이라는 뜻의 자입니다.
- 긴소리로 읽음.
- 일자다음임. 내·나.
- **내외**(內 ↔ 外)는 서로 반의어임.

農 農 農 農 農   농사 농

아직도 별빛이 남아있는 첫새벽부터 밭에 나가 '농사'를 짓는다는 뜻의 자입니다.

答 答 答   대답 답

종이 대신 편편한 대쪽에 받아 본 글에 대한 '대답'을 적는다는 뜻의 자입니다.
- **문답**(問 ↔ 答)은 서로 반의어임.

7급(7급Ⅱ)-3

월   일 【시 간】   ~

❖ 각 한자어의 독음(讀音)은 바로 뒷면 아랫부분에 ⇩

旗 기(깃발) 기	方 부수 10획, 총 14획.　　( )부수 ( )획, 총 ( )획.
	旗手　　　白旗　　　校:旗　　　國旗

男 사내(남자) 남	田 부수 2획, 총 7획.　　( )부수 ( )획, 총 ( )획.
	男女　　　男子　　　男學生　　　南男北女

內 안(안쪽) 여관(궁녀) 내	入 부수 2획, 총 4획.　　( )부수 ( )획, 총 ( )획.
	內:外　　內:室　　內:心　　內:面　　內:人

農 농사 농	辰 부수 6획, 총 13획.　　( )부수 ( )획, 총 ( )획.
	農村　　農林　　農夫　　農事　　農場　　農地

答 대답 답	竹 부수 6획, 총 12획.　　( )부수 ( )획, 총 ( )획.
	正:答

7급(7급Ⅱ)-3-복습·쓰기장

♣ **아래의 빈칸을 채우시오.**　　　　　　　　　　　　　　　　【지난학습】

장인 공	빌 공	입 구	기록할 기	기운 기

【금일학습】

旗 기 기						
男 사내 남						
内 안 내						
農 농사 농						
答 대답 답						

기수 백기 교기 국기
남녀 남자 남학생 남남북녀
내외 내실 내심 내면 내인/나인
농촌 농림 농부 농사 농장 농지
정답

다음 그림에 알맞은 한자(漢字)의 뜻(訓)과 음(音)을 연결 지어 보시오.

○ 핵심정리장 4   자세히 읽어 보세요.

자원풀이 및 핵심정리

 俞 䢔 道 道 :   길(방법) 도
                                  말할 도
                                  도 도

사람이나 우마차(牛馬車) 등이 통행하는 '길'을 뜻하는 자로, 그 뜻이 확장되어 사람이 걸어가야 할 정신적인 길인 '도'를 나타내기도 합니다.
- 긴소리로 읽음.

    겨울 동

사계절 중 맨 뒤에 추위를 동반해 물을 얼게 하는 계절이 '겨울'이라는 뜻의 자입니다.
- 앞 글자를 길게 또는 짧게도 읽음.
- 하동(夏 ↔ 冬)은 서로 반의어임.

 똚 똚 同 同 同   한가지 동

말하는 사람들의 의견이 겹쳐진 위에 덧씌운 듯 모두 '한가지'라는 뜻의 자입니다.

 㵦 洞 洞 洞 :   골(고을) 동
                                   밝을 통
                                   통소 통

물이 있는 곳에 사람들이 같이 모여 사는 '골(고을)'이 있다는 뜻의 자입니다.
- 긴소리로 읽음.
- 일자다음임. 동·통.
- 동리(洞 ≒ 里)는 서로 뜻이 비슷한 동의어임.

  :   움직일 동

무거운 물건에 집중적인 힘을 쏟아 부으면 '움직인다'는 뜻의 자입니다.
- 긴소리로 읽음.
- 重(무거울 중), 動(움직일 동).

7급(7급Ⅱ)-4

道 길(방법) 도 도	辶辵 부수 9획, 총 13획. ( )부수 ( )획, 총 ( )획.
	道場 道家 道人 正道 八道江山

冬 겨울 동	冫 부수 3획, 총 5획. ( )부수 ( )획, 총 ( )획.
	冬天 三冬

同 한가지 동	口 부수 3획, 총 6획. ( )부수 ( )획, 총 ( )획.
	同門 同氣 同色 同生 同數

洞 골(고을) 동 밝을 통 통소 통	氵水 부수 6획, 총 9획. ( )부수 ( )획, 총 ( )획.
	洞口 洞里 洞民 洞長 洞內

動 움직일 동	力 부수 9획, 총 11획. ( )부수 ( )획, 총 ( )획.
	動物 動植物 不動 出動 自動車

♣ 아래의 빈칸을 채우시오.   【지난학습】

기 기	사내 남	안 내	농사 농	대답 답

【금일학습】

道 길 도						
冬 겨울 동						
同 한가지 동						
洞 골 동						
動 움직일 동						

도장 도가 도인 정도 팔도강산
동천 삼동
동문 동기 동색 동생 동수
동구 동리 동민 동장 동내
동물 동식물 부동 출동 자동차

▦ 다음 그림에 알맞은 한자(漢字)의 뜻(訓)과 음(音)을 연결 지어 보시오.

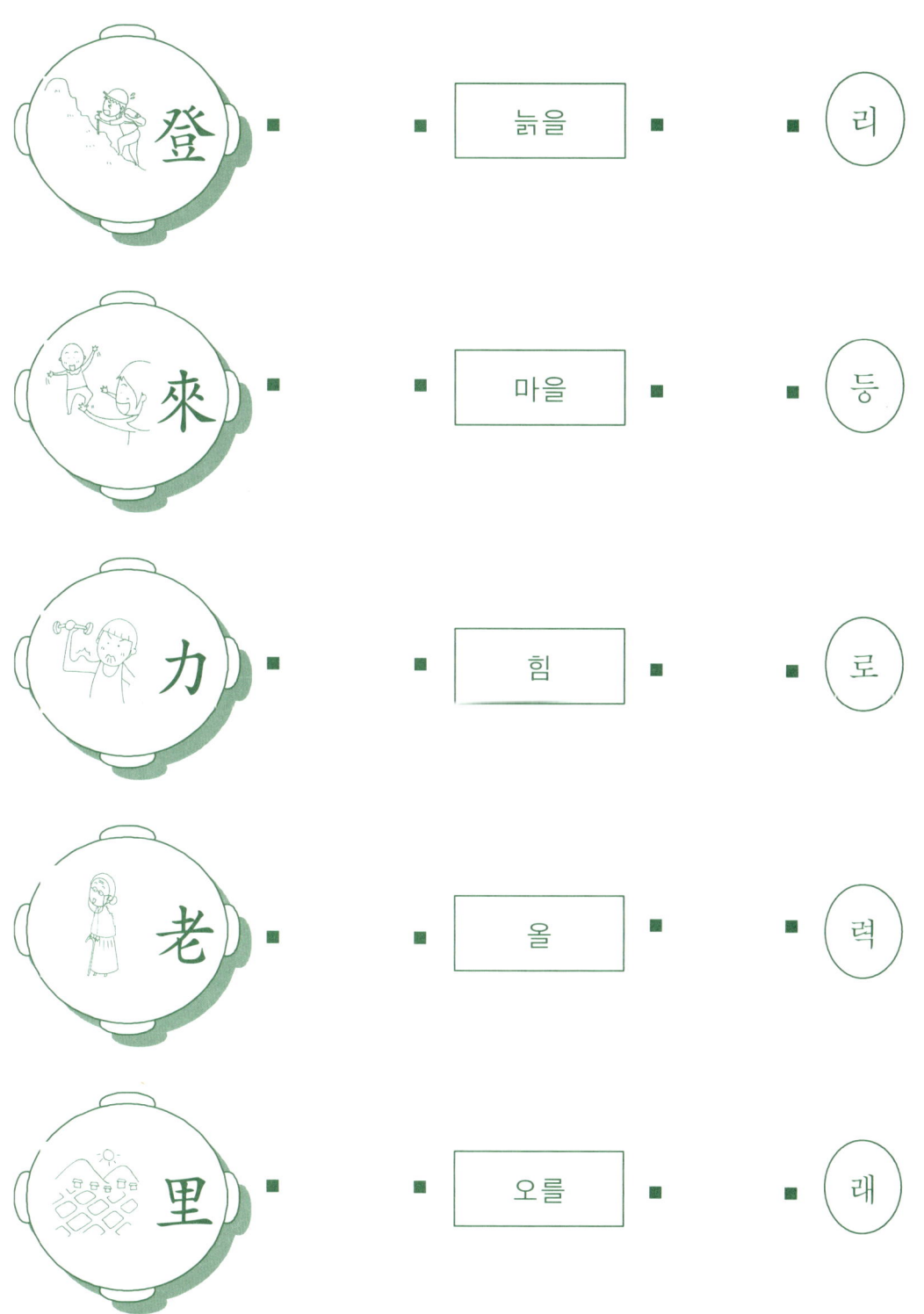

○ 핵심정리장 5   ⬇ 자세히 읽어 보세요.

자원풀이 및 핵심정리

 𦥑 𦥑 登 登 登   오를 등

발판을 밟고 위로 '**오른다**'는 뜻의 자입니다.
- 등교(登校) ↔ 하교(下校).
- 등산(登山) ↔ 하산(下山).

 來 來 來 來 來(:)   올 래 (내)

사람의 양식으로 쓰이는 보리는 하늘로부터 보내져 '**왔다**'는 전설을 나타낸 자입니다.
- 앞글자를 길게 또는 짧게도 읽음.
- 두음법칙에 따라 첫 글자의 독음이 바뀜. 래 → 내.
- 부수는 人(사람 인).

 力 力 力 力 力   힘 력 (역)

사람의 팔에 생기는 근육의 '**힘**' 살 모양을 본뜬 자입니다.
- 두음법칙에 따라 첫 글자의 독음이 바뀜. 력 → 역.
- 刀(칼 도), 力(힘 력), 九(아홉 구).

 老 老 老 老 老: 늙을 로 익숙할 로 (노)

지팡이에 의존하는 백발의 '**늙은**' 사람을 나타낸 자입니다.
- 긴소리로 읽음.
- 두음법칙에 따라 첫 글자의 독음이 바뀜. 로 → 노.
- 노소(老 ↔ 少)는 서로 반의어임.

 里 里 里 里: 마을 리 (이)

농사나 집을 짓고 살만한 땅이 있는 곳에 세워진 '**마을**'을 뜻하는 자입니다.
- 긴소리로 읽음.
- 두음법칙에 따라 첫 글자의 독음이 바뀜. 리 → 이.
- 동리(洞 ≒ 里)는 서로 뜻이 비슷한 동의어임.

7급(7급Ⅱ)-5

登 오를 등	癶 부수 7획, 총 12획. ( )부수 ( )획, 총 ( )획.
	登山　　登校　　登記　　登場

來 올 래 (내)	人 부수 6획, 총 8획. ( )부수 ( )획, 총 ( )획.
	來日　　來年　　來:世　　來:韓

力 힘 력 (역)	力 부수 0획, 총 2획. ( )부수 ( )획, 총 ( )획.
	力道　　水力　　火:力　　力不足

老 늙을 익숙할 로 (노)	耂 老 부수 0획, 총 6획. ( )부수 ( )획, 총 ( )획.
	老:人　老:少　老:年　老:後　老:父母

里 마을 리 (이)	里 부수 0획, 총 7획. ( )부수 ( )획, 총 ( )획.
	里:長　　十里　　數:千里　　數:萬里

♣ 아래의 빈칸을 채우시오.　　　　　　　　　　　　　　　【지난학습】

길 도	겨울 동	한가지 동	골 동	움직일 동

【금일학습】

登 오를 등							
來 올 래							
力 힘 력							
老 늙을 로							
里 마을 리							

등산　등교　등기　등장
내일　내년　내세　내한
역도　수력　화력　역부족
노인　노소　노년　노후　노부모
이장　십리　수천리　수만리

다음 그림에 알맞은 한자(漢字)의 뜻(訓)과 음(音)을 연결 지어 보시오.

○ **핵심정리장 6**

자원풀이 및 핵심정리

 林 林 林 林 **林** 　수풀(숲) **림** (임)

두 개로 겹쳐 놓은 나무는 곧 수많은 '**수풀**' 이라는 뜻을 나타낸 자입니다.
• 두음법칙에 따라 첫 글자의 독음이 바뀜. **림 → 임**.

  　설(세울) **립** (입)

땅바닥 위에 어른이 떡 버티고 '**서**' 있는 모습을 나타낸 자입니다.
• 두음법칙에 따라 첫 글자의 독음이 바뀜. **립 → 입**.

    每(:) 　매양(늘) **매**

어미 풀포기는 풀싹을 '**매양(늘)**' 생산해낸다는 뜻의 자입니다.
• 앞 글자를 길게 또는 짧게도 읽음.
• 每(매양 **매**), 海(바다 **해**).

   : 　낯(얼굴) **면** 　겉 **면** 　행정구역 **면**

사람 머리의 앞쪽 윤곽인 '**낯(얼굴)**'의 모양을 나타낸 자입니다.
• 긴소리로 읽음.

 벼 召 겸 名 **名** 　이름 **명**

어둑해진 저녁은 캄캄해서 안보이므로 '**이름**'을 불러야 된다는 뜻을 나타낸 자입니다.
• 夕(저녁 **석**), 名(이름 **명**).

7급(7급Ⅱ)-6

월   일 【시 간】   ~

❖ 각 한자어의 독음(讀音)은 바로 뒷면 아랫부분에 ⇩

林
수풀(숲) 림(임)

木 부수 4획, 총 8획.   (   )부수 (   )획, 총 (   )획.

山林   國有林

立
설(세울) 립(입)

立 부수 0획, 총 5획.   (   )부수 (   )획, 총 (   )획.

立春   立夏   立秋   立冬   立場

每
매양(늘) 매

毋 부수 3획, 총 7획.   (   )부수 (   )획, 총 (   )획.

每日   每:月   每:年   每:事   每:時

面
낯(얼굴) 면
겉 면
행정구역 면

面 부수 0획, 총 9획.   (   )부수 (   )획, 총 (   )획.

面:上   面:長   面:前   海:面

名
이름 명

口 부수 3획, 총 6획.   (   )부수 (   )획, 총 (   )획.

名山   名門   名手   名答   名物   名家

♣ 아래의 빈칸을 채우시오.

【지난학습】

| 오를 등 | 올 래 | 힘 력 | 늙을 로 | 마을 리 |

【금일학습】

林 수풀 림					
立 설 립					
每 매양 매					
面 낯 면					
名 이름 명					

산림 국유림
입춘 입하 입추 입동 입장
매일 매월 매년 매사 매시
면상 면장 면전 해면
명산 명문 명수 명답 명물 명가

다음 그림에 알맞은 한자(漢字)의 뜻(訓)과 음(音)을 연결 지어 보시오.

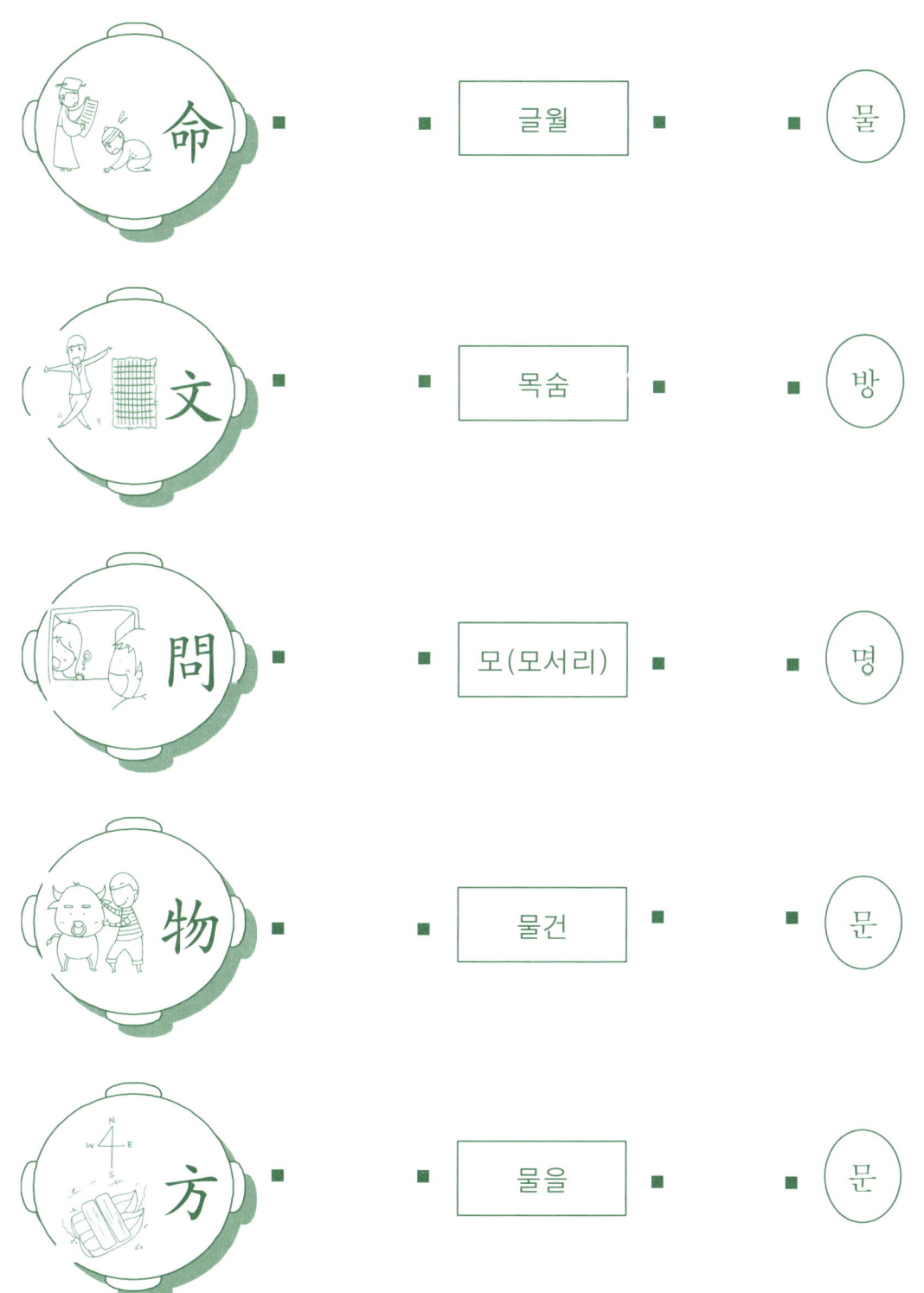

○ 핵심정리장 7  자세히 읽어 보세요.

자원풀이 및 핵심정리

 夆 命 命 命 命 : 목숨 명 / 명령할 명

집에서 무릎을 꿇고 앉은 사람에게 입으로 큰 소리를 내며 '명령' 한다는
뜻의 자로, 옛날 노예에게는 주인의 명령이 곧 '목숨'을 좌우했다는 뜻도 있습니다.
- 긴소리로 읽음.

 文 文 文 文 文 : 글월 문 / 무늬 문

실 등을 교차되게 엮거나 선을 그은 '무늬' 라는 뜻의 자로,
문장의 '글월' 도 그런 의미로 엮는다는 뜻도 있습니다.
- 문자(文 ↔ 字)는 서로 반의어임.

 問 問 問 問 問 : 물을 문

문 밖에서 안을 향해 문틈 사이로 무언가 '묻는다' 는 뜻의 자입니다.
- 긴소리로 읽음.
- 문답(問 ↔ 答)는 서로 반의어임.
- 門(문 문), 問(물을 문), 間(사이 간).

 物 物 物 物 物 : 물건 물 / 만물 물

갈빗대가 큰 동물인 소는 농가의 재물 중 대표적인 '물건' 이라는 뜻의 자입니다.
- 물심(物 ↔ 心)은 서로 반의어임.

 方 方 方 方 方 : 모(모서리) 방 / 방향(방위) 방

아울러 맨 두 척의 배를 가로로 본 모양을 본뜬 자로, '모' 난 부분이
어디로든 향하는 '방향' 이 있다는 뜻의 자입니다.
- 九(아홉 구), 力(힘 력), 方(모 방).

7급(7급Ⅱ)-7

命 목숨 명령할 명명	口 부수 5획, 총 8획. ( )부수 ( )획, 총 ( )획.
	命:名　　命:中

文 글월 무늬 문문	文 부수 0획, 총 4획. ( )부수 ( )획, 총 ( )획.
	文字　　文學　　文敎　　天文

問 물을 문	口 부수 8획, 총 11획. ( )부수 ( )획, 총 ( )획.
	問:答　　問:安

物 물건 만물 물물	牛 부수 4획, 총 8획. ( )부수 ( )획, 총 ( )획.
	物色　　萬:物　　生物　　人物　　文物

方 모(모서리) 방향(방위) 방방	方 부수 0획, 총 4획. ( )부수 ( )획, 총 ( )획.
	方正　　方面　　方道　　八方　　南方

♣ **아래의 빈칸을 채우시오.** 【지난학습】

수풀 **림**	설 **립**	매양 **매**	낯 **면**	이름 **명**

【금일학습】

命 목숨 명					
文 글월 문					
問 물을 문					
物 물건 물					
方 모 방					

명명 명중
문자 문학 문교 천문
문답 문안
물색 만물 생물 인물 문물
방정 방면 방도 팔방 남방

다음 그림에 알맞은 한자(漢字)의 뜻(訓)과 음(音)을 연결 지어 보시오.

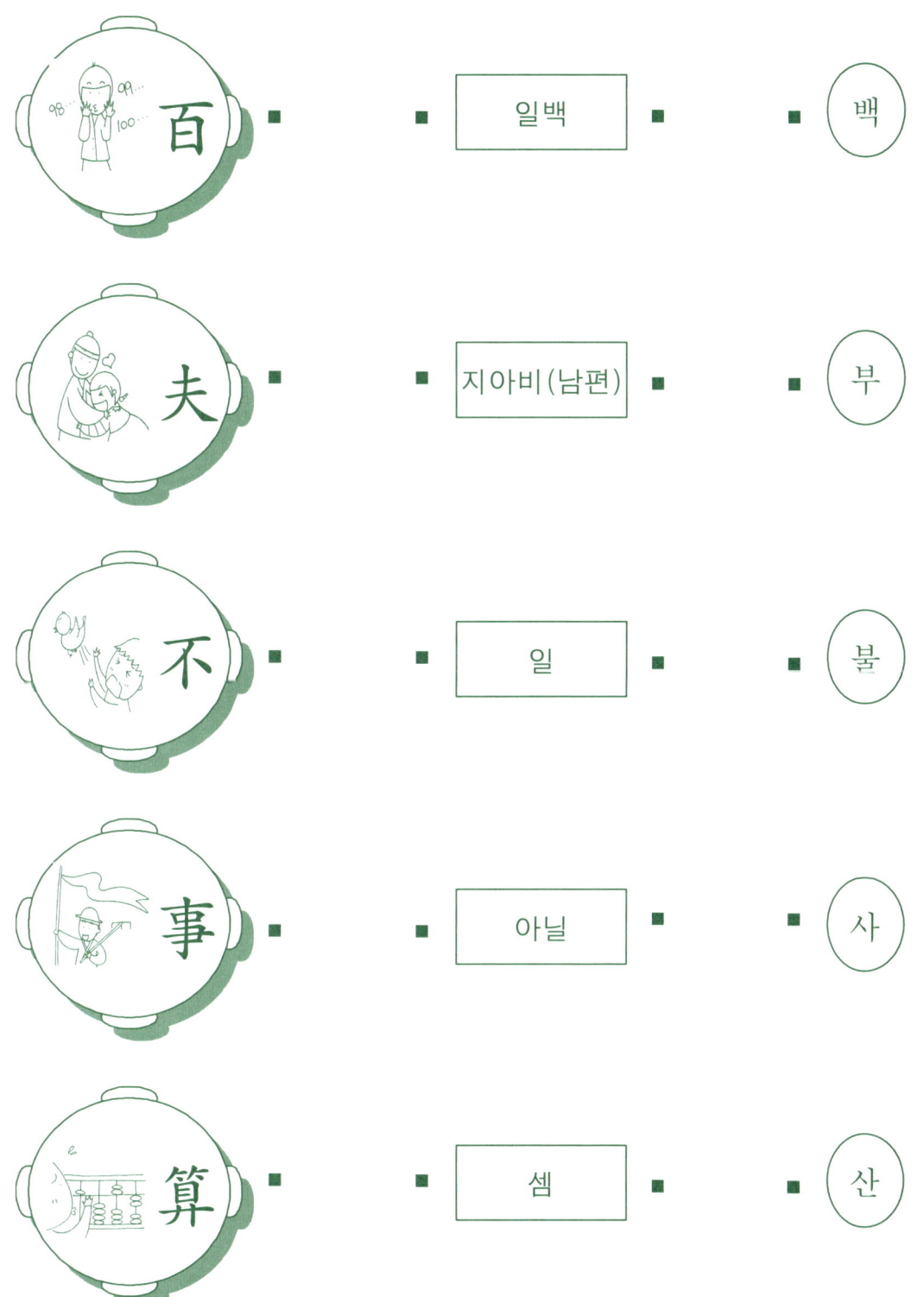

○ 핵심정리장 8  자세히 읽어 보세요.

자원풀이 및 핵심정리

  일백   백
많을(온갖) 백

분명한 소리를 내면서 하나에서 '일백'까지 세어 백 단위 숫자를 일단락 짓는다는 뜻의 자입니다.
- 白(흰 **백**), 百(일백 **백**), 自(스스로 **자**)

 지아비(남편) 부
어조사 부

다 커서 상투를 틀고 장가를 든 '지아비'를 나타낸 자입니다.

  아닐 불
아닐 부

하늘로 날아오른 새가 다시는 돌아오지 '않을'까 궁금하다는 뜻의 자입니다.
- 不(불)자 다음에 'ㄷ'이나 'ㅈ'이 오면 **부**로 읽음.
  예) 不答(부답), 不動(부동), 不正(부정), 不足(부족) 등.
- 下(아래 **하**), 不(아닐 **불 / 부**)

  일   사
섬길 사

깃발을 손에 들고 '일' 터로 나간다는 뜻의 자입니다.
- 긴소리로 읽음.

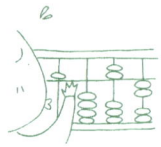   셈 산

산가지나 돈을 들고 이리저리 '셈'을 맞춘다는 뜻의 자입니다.
- 긴소리로 읽음.
- 산수(算 ≒ 數)는 서로 동의어임.

월   일 【시 간】   ~

7급(7급Ⅱ)-8

❖ 각 한자어의 독음(讀音)은 바로 뒷면 아랫부분에 ⇩

百 일백 백 많을(온갖) 백	白 부수 1획, 총 6획. ( )부수 ( )획, 총 ( )획.
	百姓 百年 百萬 百草

夫 지아비(남편) 부 어조사 부	大 부수 1획, 총 4획. ( )부수 ( )획, 총 ( )획.
	夫人 工夫 兄夫

不 아닐 불 아닐 부	一 부수 3획, 총 4획. ( )부수 ( )획, 총 ( )획.
	不正 不平 不安 不足 不孝

事 일 사 섬길 사	亅 부수 7획, 총 8획. ( )부수 ( )획, 총 ( )획.
	事:大 事:物 事:前 事:後 大:事

算 셈 산	竹 부수 8획, 총 14획. ( )부수 ( )획, 총 ( )획.
	算:數 算:出 算:入

53

♣ **아래의 빈칸을 채우시오.**　　　　　　　　　　　　　　　　　【지난학습】

목숨 명	글월 문	물을 문	물건 물	모 방

【금일학습】

百 일백 백					
夫 지아비 부					
不 아닐 불					
事 일 사					
算 셈 산					

백성　백년　백만　백초
부인　공부　형부
부정　불평　불안　부족　불효
사대　사물　사전　사후　대사
산수　산출　산입

■ 다음 그림에 알맞은 한자(漢字)의 뜻(訓)과 음(音)을 연결 지어 보시오.

○ 핵심정리장 9　　　　　　　　　　　　　　　　▼ 자세히 읽어 보세요.

자원풀이 및 핵심정리

 二 丄 로 上 上 ：　윗　　상
　　　　　　　　　　　　　　올라갈　상

지평선 '위'에 어떤 물체가 있음을 나타낸 자로, 위로 '올라간다'는 뜻도 있습니다.
- 긴소리로 읽음.
- 상하(上 ↔ 下)는 서로 반의어임.
- 상중하(上中下).

　　　꽃 芒 色　 빛　색

사람의 마음에 느끼는 것이 있으면 그 기운이 미간에 나타나 부절(符節)을
합한 것 같은 얼굴 '빛'을 띤다는 뜻의 자입니다.
- 邑(고을 읍), 色(빛 색).

　　　D D ⊅ 9 夕　 저녁　석

땅거미가 지기 시작하는 어둑한 때로 초 '저녁'을 나타낸 자입니다.
- 夕(저녁 석), 名(이름 명).

　　　姓 姓 姓 姓： 성(성씨) 성

옛날엔 여자가 아이를 낳으면 엄마나 태어난 땅의 이름을 따서 '성'을
삼았다는 뜻의 자입니다.
- 긴소리로 읽음.
- 生(날 생), 姓(성 성).

　　　世 世 世 世：　인간　세
　　　　　　　　　　　　　　세상　세
　　　　　　　　　　　　　　대　　세

세 개의 열(十)을 묶어서 30년은 대체로 '인간'이 '세상'에서 크게 활동
한다는 뜻의 자로, 1세 '대'라는 뜻도 있습니다.
- 긴소리로 읽음.

7급(7급Ⅱ)-9

上 윗 상 / 올라갈 상	一 부수 2획, 총 3획. ( )부수 ( )획, 총 ( )획.
	上下　　上:同　　上:中下　　上:水道　　海:上

色 빛 색	色 부수 0획, 총 6획. ( )부수 ( )획, 총 ( )획.
	色紙　　正:色　　白色

夕 저녁 석	夕 부수 0획, 총 3획. ( )부수 ( )획, 총 ( )획.
	夕食　　七夕

姓 성(성씨) 성	女 부수 5획, 총 8획. ( )부수 ( )획, 총 ( )획.
	姓:名

世 인간 세상 대 / 세 세 세	一 부수 4획, 총 5획. ( )부수 ( )획, 총 ( )획.
	世:間　　世:上　　世:事　　萬:世　　出世

♣ 아래의 빈칸을 채우시오.

【지난학습】

일백 **백**	지아비 **부**	아닐 **불**	일 **사**	셈 **산**

【금일학습】

上 윗 **상**					
色 빛 **색**					
夕 저녁 **석**					
姓 성 **성**					
世 인간 **세**					

상하 상동 상중하 상수도 해상
색지 정색 백색
석식 칠석
성명
세간 세상 세사 만세 출세

다음 그림에 알맞은 한자(漢字)의 뜻(訓)과 음(音)을 연결 지어 보시오.

○ 핵심정리장 10  자세히 읽어 보세요.

자원풀이 및 핵심정리

 少 : 적을 소 / 젊을 소

물체의 일부가 끊기어 작아지니 크기 또한 더욱 '적어' 졌다는 뜻의 자로, 나이가 적으니 '젊다' 는 뜻도 있습니다.
- 긴소리로 읽음.
- 小(작을 소), 少(적을 소 / 젊을 소).

 所 : 바 소 / 곳(장소) 소

열린 외짝 문처럼 나무의 표면이 비스듬히 파인 자국은 도끼로부터 찍힌 '바' 의 '곳' 이라는 뜻의 자입니다.
- 긴소리로 읽음.

 手(:) 손 수

다섯 개의 손가락과 손등, 그리고 팔목 등 '손' 을 편 모양을 본뜬 자입니다.
- 앞 글자를 길게 또는 짧게도 읽음.
- 수족(手 ↔ 足)은 서로 반의어임.

 數 : 셈 수 / 자주 삭

배움이 없어 어리석은 여자가 막대기로 물건을 톡톡 건드리며 일일이 '셈' 을 '자주' 한다는 뜻의 자입니다.
- 긴소리로 읽음.
- 일자다음자임. 수·삭
- 산수(算 ≒ 數)는 서로 동의어임.

 市 : 저자(시장) 시

의례 좋은 옷으로 갈아입고 '저자(시장)' 를 보러 간다는 뜻의 자입니다.
- 긴소리로 읽음.

7급(7급Ⅱ)-10

少 적을 젊을 소 소	小 부수 1획, 총 4획. ( )부수 ( )획, 총 ( )획.
	少:年　　少:女　　少:時

所 바 곳(장소) 소 소	戶 부수 4획, 총 8획. ( )부수 ( )획, 총 ( )획.
	所:有　　所:重　　所:出　　山所

手 손 수	手 부수 0획, 총 4획. ( )부수 ( )획, 총 ( )획.
	手足　　手中　　手下　　手工　　手話

數 셈 자주 수(숫) 삭	攵(攴) 부수 11획, 총 15획. ( )부수 ( )획, 총 ( )획.
	數:字　　數:年　　數:學　　數:千萬　　寸:數

市 저자(시장) 시	巾 부수 2획, 총 5획. ( )부수 ( )획, 총 ( )획.
	市:場　　市:長　　市:內　　市:民　　市:道邑面

7급(7급Ⅱ)-10-복습·쓰기장

♣ 아래의 빈칸을 채우시오.　　　　　　　　　　　【지난학습】

| 윗 **상** | 빛 **색** | 저녁 **석** | 성 **성** | 인간 **세** |

【금일학습】

少 적을 소				
所 바 소				
手 손 수				
數 셈 수				
市 저자 시				

소년　소녀　소시
소유　소중　소출　산소
수족　수중　수하　수공　수화
숫자　수년　수학　수천만　촌수
시장　시장　시내　시민　시도읍면

다음 그림에 알맞은 한자(漢字)의 뜻(訓)과 음(音)을 연결 지어 보시오.

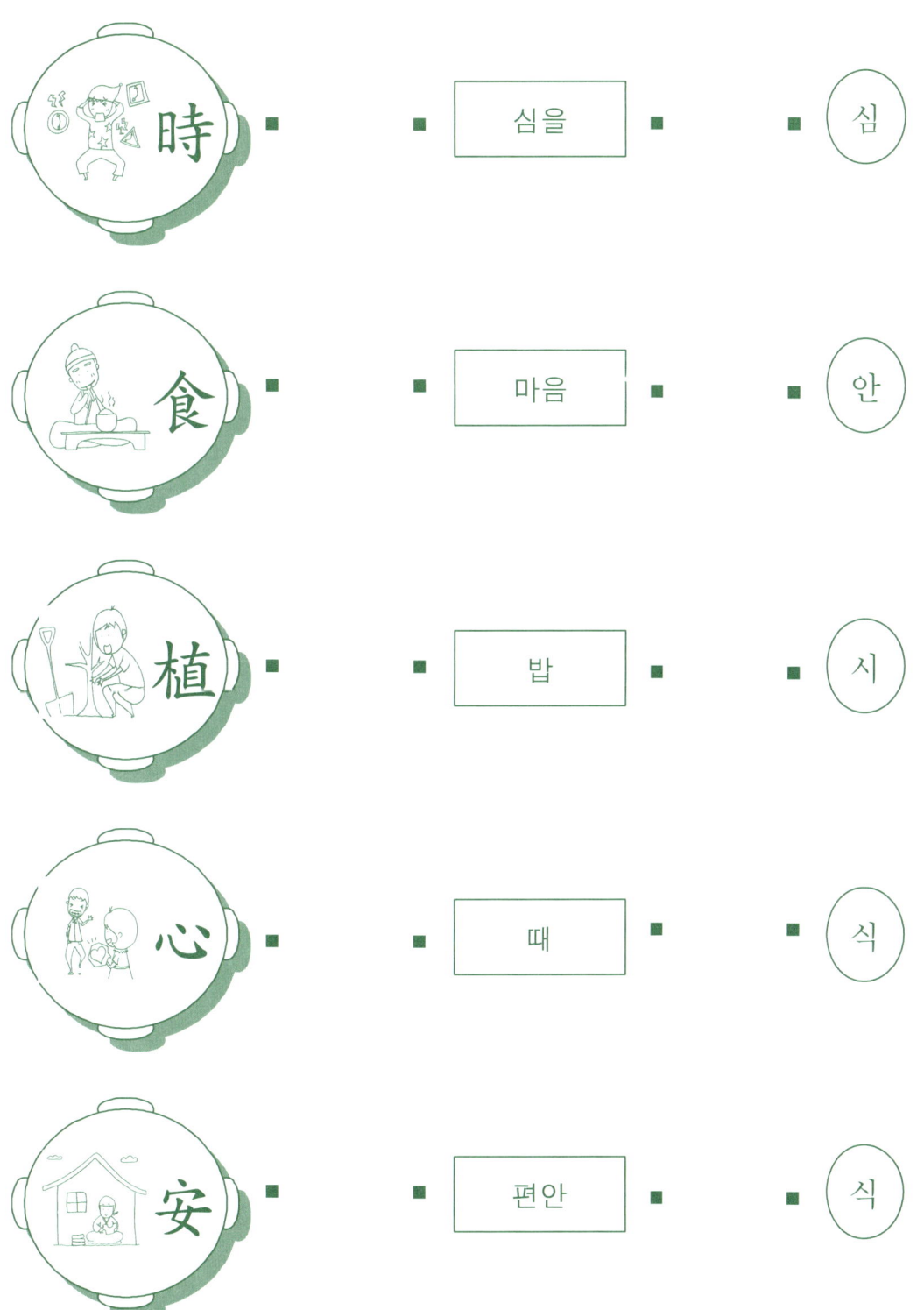

○ **핵심정리장 11**  자세히 읽어 보세요.

자원풀이 및 핵심정리

 峕 嵵 旹 時 時 　　때　시

해가 규칙적으로 지나가며 이뤄지는 '**때**'를 나타낸 자입니다.

 亝 亝 亝 食 食 　　밥　식 / 먹을　식 / 먹이　사

뚜껑이 있는 그릇에 '**밥**'이 담겨있는 모습을 나타낸 자로,
밥을 '**먹는다**'는 뜻도 있습니다.
- 일자다음자임. **식·사**

 植 植 植 　　심을　식

나무를 곧추 세워 '**심는다**'는 뜻을 나타낸 자입니다.
- 直(곧을 직), 植(심을 식).

  心 心 　　마음　심 / 중심　심

사람의 몸속에 있는 염통 모양을 본뜬 자로, 염통은 몸의 '**중심**'에 있으며,
또 공허하고 밝은 불의 장기가 돼 '**마음**'의 바탕이 된다는 뜻을 가진 자입니다.
- 물심(物 ↔ 心)은 서로 반의어임.

    安 安 　　편안　안

여자가 집안 일을 잘 돌보아주니 모두가 '**편안**'하다는 뜻의 자입니다.
- 편안(便安) ↔ 불안(不安).

7급(7급Ⅱ)-11

월   일 【시 간】   ~

時 (때 시)

日 부수 6획, 총 10획.   (   )부수 (   )획, 총 (   )획.

時間   時日   生時   四時   一時

食 (밥/먹을/먹이 식·식·사)

食 부수 0획, 총 9획.   (   )부수 (   )획, 총 (   )획.

食口   食水   食事   食前   食後

植 (심을 식)

木 부수 8획, 총 12획.   (   )부수 (   )획, 총 (   )획.

植字   植物   植木日   植民地

心 (마음/중심 심·심)

心 부수 0획, 총 4획.   (   )부수 (   )획, 총 (   )획.

心地   心算   心氣   民心   中心

安 (편안 안)

宀 부수 3획, 총 6획.   (   )부수 (   )획, 총 (   )획.

安全   安心   安住   不安   安東

7급(7급Ⅱ)-11-복습·쓰기장

♣ **아래의 빈칸을 채우시오.** 【지난학습】

적을 **소**	바 **소**	손 **수**	셈 **수**	저자 **시**

【금일학습】

時 때 시					
食 밥 식					
植 심을 식					
心 마음 심					
安 편안 안					

시간 시일 생시 사시 일시
식구 식수 식사 식전 식후
식자 식물 식목일 식민지
심지 심산 심기 민심 중심
안전 안심 안주 불안 안동

다음 그림에 알맞은 한자(漢字)의 뜻(訓)과 음(音)을 연결 지어 보시오.

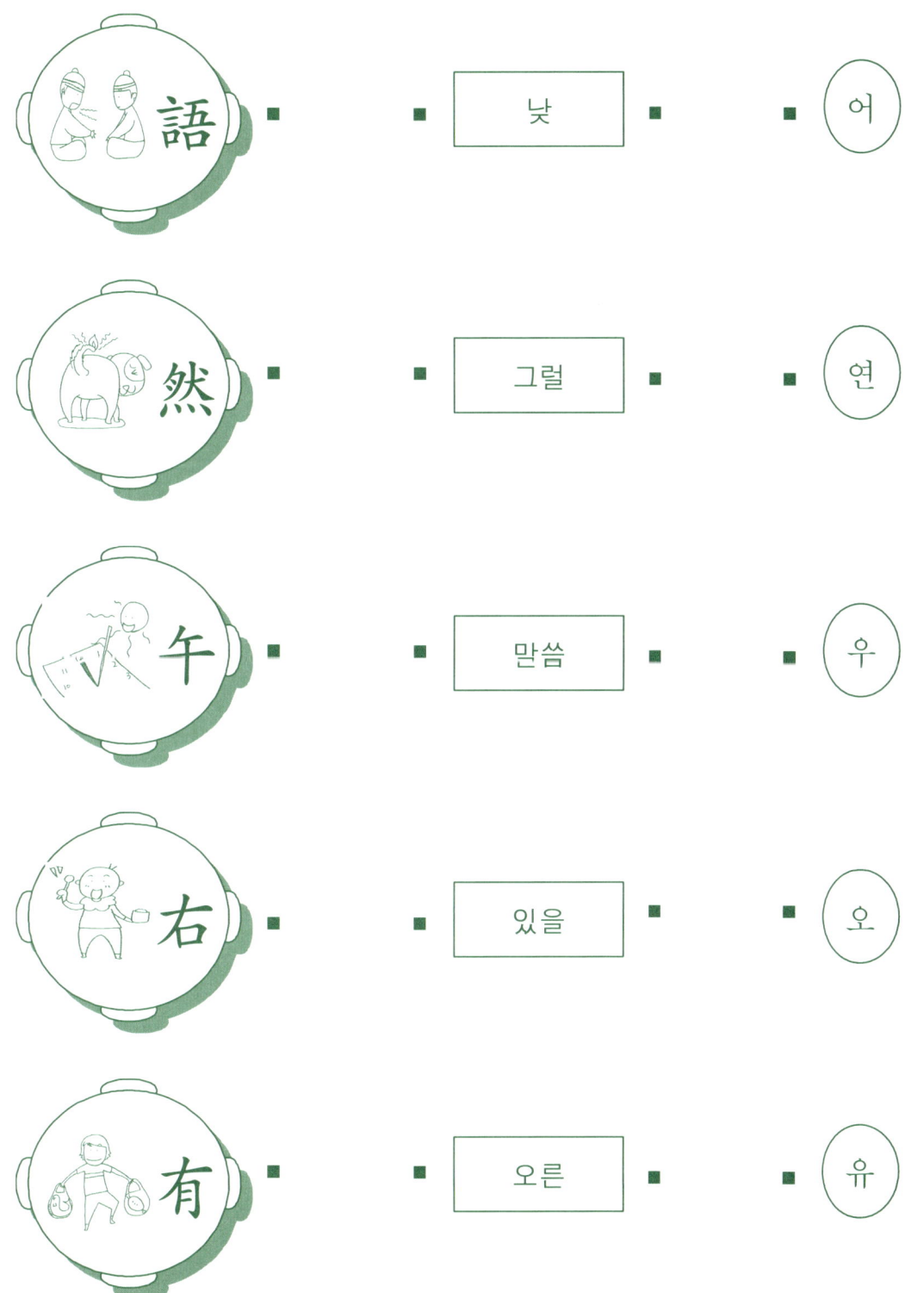

○ **핵심정리장 12**

자원풀이 및 핵심정리

 語語語 **語** : 말씀 **어**

자기의 생각을 이야기하며 '말씀'을 나눈다는 뜻을 나타낸 자입니다.
- 긴소리로 읽음.

 然然然 **然** : 그럴 **연**

개고기를 먹을 때는 털을 불에 그슬려 '그렇게' 해서 먹는다는 뜻의 자입니다.
- 부수는 灬(연화발) ≒ 火.

  : 낮 **오**

절구질을 하다가 절굿공이를 세워 나타낸 해그림 자로 한 '낮'인지를 알아냈다는 뜻의 자입니다.
- 긴소리로 읽음.

 右右右 **右** : 오른(오른쪽) **우**

밥을 먹을 때 대체로 그 일을 돕는 손은 '오른쪽' 이라는 뜻을 나타낸 자입니다.
- 긴소리로 읽음.
- 필순 주의 → 삐침획인 丿(삐칠 **별**)을 먼저 씀.
- **우수**(右手) ↔ **좌수**(左手)임.

 有有有 **有** : 있을 **유**

손에 고기를 들고 '있는' 모습을 나타낸 자입니다. (또는 손가락을 모아 펴서 옆으로 본 모습과 이지러진 달의 모양이 서로 비슷함이 '있다'는 뜻의 자.)
- 긴소리로 읽음.
- 부수자는 月(달 **월**)임.

7급(7급Ⅱ)-12

월　　　일　【시 간】　　　～

❖ 각 한자어의 독음(讀音)은 바로 뒷면 아랫부분에 ⇩

語 말씀 어	言 부수 7획, 총 14획.　(　　)부수 (　　)획, 총 (　　)획.
	語:氣　　語:文　　語:學

然 그럴 연	灬 火 부수 8획, 총 12획.　(　　)부수 (　　)획, 총 (　　)획.
	然後　　自然　　天然

午 낮 오	十 부수 2획, 총 4획.　(　　)부수 (　　)획, 총 (　　)획.
	午:前　　午:後　　上:午　　正:午　　下:午

右 오른 우	口 부수 2획, 총 5획.　(　　)부수 (　　)획, 총 (　　)획.
	右:手　　右:便

有 있을 유	月 肉 부수 2획, 총 6획.　(　　)부수 (　　)획, 총 (　　)획.
	有:色　　有:力　　有:名　　國有地

♣ 아래의 빈칸을 채우시오.

【지난학습】

때 **시**	밥 **식**	심을 **식**	마음 **심**	편안 **안**

【금일학습】

語						
말씀 **어**						
然						
그럴 **연**						
午						
낮 **오**						
右						
오른 **우**						
有						
있을 **유**						

어기 어문 어학
연후 자연 천연
오전 오후 상오 정오 하오
우수 우편
유색 유력 유명 국유지

다음 그림에 알맞은 한자(漢字)의 뜻(訓)과 음(音)을 연결 지어 보시오.

○ 핵심정리장 13  자세히 읽어 보세요.

자원풀이 및 핵심정리

 育 기를 육

아이는 어머니의 몸 안에서 머리부터 거꾸로 나와 '길러진다'는 뜻의 자입니다.
- 교육(教 ≒ 育)은 서로 뜻이 비슷한 동의어임.

 고을 읍

경계선 안이 편안하도록 직책을 가지고 지키는 지역이 '고을'이라는 뜻의 자입니다.
- 변형부수자는 阝(우부방)임. ※ 卩(병부절)
- 色(빛 색), 邑(고을 읍)

 들(들어갈) 입

풀과 나무의 뿌리가 땅으로 박혀 '들어가는' 모양을 본뜬 자입니다.
- 출입(出 ↔ 入)은 서로 반의어임.
- 人(사람 인), 入(들 입), 八(여덟 팔)

 아들 자 / 자식 자 / 방위·시각 자

포대기 안에 있는 '자식(아이)'의 모양을 본뜬 자입니다.
- 자녀(子 ↔ 女)는 서로 반의어임.

 字 글자 자

아이가 태어나 집안 식구가 늘 듯이 기본자들이 결합되어 생겨난 '글자'라는 뜻의 자입니다.
- 子(아들 자), 字(글자 자)
- 문자(文 ↔ 字)는 서로 반의어임.

7급(7급Ⅱ)-13   월   일 【시 간】   ~

❖ 각 한자어의 독음(讀音)은 바로 뒷면 아랫부분에 ⇩

育 기를 육	月 肉 부수 4획, 총 8획. ( )부수 ( )획, 총 ( )획.
	育林 生育 敎:育

邑 고을 읍	邑 부수 0획, 총 7획. ( )부수 ( )획, 총 ( )획.
	邑長 邑內 邑村 邑面洞 小:邑

入 들(들어갈) 입	入 부수 0획, 총 2획. ( )부수 ( )획, 총 ( )획.
	入學 入室 入國 入口 入金

子 아들 자식 방위·시각 자자자	子 부수 0획, 총 3획. ( )부수 ( )획, 총 ( )획.
	子女 子正 天子 王子 弟:子

字 글자 자	子 부수 3획, 총 6획. ( )부수 ( )획, 총 ( )획.
	字母 正:字 十字 八字

♣ 아래의 빈칸을 채우시오. 【지난학습】

말씀 어	그럴 연	낮 오	오른 우	있을 유

【금일학습】

育					
기를 육					
邑					
고을 읍					
入					
들 입					
子					
아들 자					
字					
글자 자					

육림 생육 교육
읍장 읍내 읍촌 읍면동 소읍
입학 입실 입국 입구 입금
자녀 자정 천자 왕자 제자
자모 정자 십자 팔자

다음 그림에 알맞은 한자(漢字)의 뜻(訓)과 음(音)을 연결 지어 보시오.

○ **핵심정리장 14** ⬇ 자세히 읽어 보세요.

자원풀이 및 핵심정리

스스로 **자**
~로부터 **자**

원래 사람의 코 모양을 본뜬 자로 지금도 어린 아이들은 코를 가리키며 '스스로' '자기'를 표현한다는 뜻의 자이며, 임신을 하게 되면 코 '부터' 생긴다는 뜻도 있습니다.
- 目(눈 목), 自(스스로 자), 白(흰 백), 百(일백 백)

마당 **장**
불도닦는곳 **량**

햇볕이 잘 드는 깨끗한 땅을 골라 태양신께 제사 지내는 곳인 '마당'을 뜻하는 자입니다.
- 일자다음자임. 장·량

온전 **전**

옥을 잘 다듬어 집안에 들여놓고 '온전'하게 보관한다는 뜻의 자입니다.
- 金(쇠 금 / 성 김), 全(온전 전)

앞 **전**

멈추어선 배에 올라 물살을 가르며 '앞'으로 나아간다는 뜻의 자입니다.
- 부수자는 刂(칼도방) ≒ 刀(칼 도)임.
- 전후(前 ↔ 後)는 서로 반의어임.

번개 **전**
전기 **전**

비를 머금은 먹구름 사이로 '번갯'불이 펼쳐진다는 뜻의 자로, 번개는 음과 양의 '전기'를 띤다는 뜻도 있습니다.
- 긴소리로 읽음.

7급(7급Ⅱ)-14

월   일 【시 간】   ~

❖ 각 한자어의 독음(讀音)은 바로 뒷면 아랫부분에 ⇩

自	自 부수 0획, 총 6획. ( )부수 ( )획, 총 ( )획.
스스로 ~로부터 자 자	自問自答 自立 自白 自生 自重

場	土 부수 9획, 총 12획. ( )부수 ( )획, 총 ( )획.
마당 불도닦는곳 장 량	場所 場面 場外 敎:場

全	入 부수 4획, 총 6획. ( )부수 ( )획, 총 ( )획.
온전 전	全面 全國 全軍 全力 萬:全

前	刂 刀 부수 7획, 총 9획. ( )부수 ( )획, 총 ( )획.
앞 전	前後 前面 生前

電	雨 부수 5획, 총 13획. ( )부수 ( )획, 총 ( )획.
번개 전기 전 전	電:氣 電:力 電:車 電:話 電:動車

7급(7급Ⅱ)-14-복습·쓰기장

♣ 아래의 빈칸을 채우시오.　　　　　　　　　　　　　【지난학습】

기를 **육**	고을 **읍**	들 **입**	아들 **자**	글자 **자**

【금일학습】

自 스스로 자						
場 마당 장						
全 온전 전						
前 앞 전						
電 번개 전						

자문자답 자립 자백 자생 자중
장소 장면 장외 교장
전면 전국 전군 전력 만전
전후 전면 생전
전기 전력 전차 전화 전동차

■ 다음 그림에 알맞은 한자(漢字)의 뜻(訓)과 음(音)을 연결 지어 보시오.

○ **핵심정리장 15** 　　　　　　　　　　　　　🔻 자세히 읽어 보세요.

자원풀이 및 핵심정리

    (:)　바를　정

두 발을 한데 모아 곧 '**바로**' 서 있는 모습을 나타낸 자입니다.
- 五(다섯 오), 正(바를 정)
- 앞글자를 길게 또는 짧게도 읽음.
- **정직**(正 ≒ 直)은 서로 뜻이 비슷한 동의어임.

  祖 祖  　할아비　조 / 조상　조

쌓고 또 쌓아올린 제사 음식처럼 대대로 이어져 내려와 지금의 나를 있게 해준 '**조상**' '**할아버지**'란 뜻의 자입니다.

    　발　족 / 만족할　족

곧게 서거나 걷거나 달릴 때 그것을 담당하는 몸의 부분인 '**발**'의 모양을 본뜬 자입니다.
- **수족**(手 ↔ 足)은 서로 반의어임.

  :　왼(왼쪽)　좌

자막대기라는 공구를 쥐고 오른손이 하는 일을 돕는 쪽은 '**왼**' 손 이라는 뜻의 자입니다.
- 긴소리로 읽음.
- 필순 주의 → 가로획인 一(한 일)을 먼저 씀.
- **좌우**(左 ↔ 右)는 서로 반의어임.

  노 主 主　임금　주 / 주인　주

등잔 위의 불이 방 가운데서 환하게 주위를 비춤을 본뜬 자로, 집안의 '**주인**', 또는 나라의 중심에 선 사람은 '**임금**'이라는 뜻의 자입니다.
- 王(임금 왕), 主(임금 주 / 주인 주), 住(살 주)

7급(7급Ⅱ)-15

正 바를 정	止 부수 1획, 총 5획.	( )부수 ( )획, 총 ( )획.	
	正:門　　正月　　正:道　　正:直　　不正		
祖 할아비 조상 조	示 부수 5획, 총 10획.	( )부수 ( )획, 총 ( )획.	
	祖國　　祖父　　祖母　　祖上　　先祖		
足 발 만족할 족	足 부수 0획, 총 7획.	( )부수 ( )획, 총 ( )획.	
	足下　　自足		
左 왼(왼쪽) 좌	工 부수 2획, 총 5획.	( )부수 ( )획, 총 ( )획.	
	左:右　　左:右間　　左:手　　左:便		
主 주인 임금 주	丶 부수 4획, 총 5획.	( )부수 ( )획, 총 ( )획.	
	主人　　主語　　主食　　主上　　自主		

7급(7급Ⅱ)-15-복습·쓰기장

♣ **아래의 빈칸을 채우시오.**　　　　　　　　　　　　【지난학습】

스스로 **자**	마당 **장**	온전 **전**	앞 **전**	번개 **전**

【금일학습】

正 바를 정							
祖 할아비 조							
足 발 족							
左 왼 좌							
主 주인 주							

정문　정월　정도　정직　부정
조국　조부　조모　조상　선조
족하　자족
좌우　좌우간　좌수　좌편
주인　주어　주식　주상　자주

다음 그림에 알맞은 한자(漢字)의 뜻(訓)과 음(音)을 연결 지어 보시오.

○ **핵심정리장 16** ⬇ 자세히 읽어 보세요.

자원풀이 및 핵심정리

 住住住: 살 주

사람이 일정한 곳에 주로 머물러 '**산다**' 는 뜻의 자입니다.
- 긴소리로 읽음.
- 王(임금 **왕**), 主(임금 **주** / 주인 **주**), 住(살 **주**).

  : 무거울 중 / 거듭 중

사람이 등짐을 질 정도로 '**무겁다**' 는 뜻의 자로, 이렇게 무거운 것은 짐이 '**거듭**' 겹쳐있어서 그렇다는 뜻도 있습니다.
- 긴소리로 읽음.
- 重(무거울 **중**), 動(움직일 **동**).

   따(땅) 지

큰 뱀이 똬리를 틀고 있듯이 솟아 있거나 움푹 패거나 평평한 '**땅**' 의 모양을 본뜬 자입니다.
- **천지**(天 ↔ 地)는 서로 반의어임.
- **土地**(토 ≒ 지)는 서로 동의어임.

 紙紙紙  종이 지

이리저리 뻗어나가는 식물의 가는 뿌리 같은 섬유질을 이용하여 '**종이**' 를 만든다는 뜻의 자입니다.

 直直直 直 : 곧을 직 / 값 치

여러 사람이 보더라도 숨김없이 곧 말과 행실이 바르고 '**곧다**' 는 뜻의 자입니다.
- 일자다음자임. **직·치**
- 부수는 目(눈 **목**)임.
- 植(심을 **식**), 直(곧을 **직**)
- **정직**(正 ≒ 直)은 서로 뜻이 비슷한 동의어임.

7급(7급Ⅱ)-16

住 살 주
亻人 부수 5획, 총 7획.　　( )부수( )획, 총( )획.

住:民　　住:所

重 무거울 중 / 거듭 중
里 부수 2획, 총 9획.　　( )부수( )획, 총( )획.

重:大　　重:大事　　重:力　　二:重　　三重

地 따(땅) 지
土 부수 3획, 총 6획.　　( )부수( )획, 총( )획.

地下　　地下室　　地主　　地方　　地名

紙 종이 지
糸 부수 4획, 총 10획.　　( )부수( )획, 총( )획.

紙面　　紙上　　韓:紙　　白紙　　寸:紙

直 곧을 직 / 값 치
目 부수 3획, 총 8획.　　( )부수( )획, 총( )획.

直後　　直面　　直前　　直立　　直千金

♣ **아래의 빈칸을 채우시오.** 【지난학습】

바를 정	할아비 조	발 족	왼 좌	주인 주

【금일학습】

住 살 주						
重 무거울 중						
地 따 지						
紙 종이 지						
直 곧을 직						

주민 주소
중대 중대사 중력 이중 삼중
지하 지하실 지주 지방 지명
지면 지상 한지 백지 촌지
직후 직면 직전 직립 치천금

다음 그림에 알맞은 한자(漢字)의 뜻(訓)과 음(音)을 연결 지어 보시오.

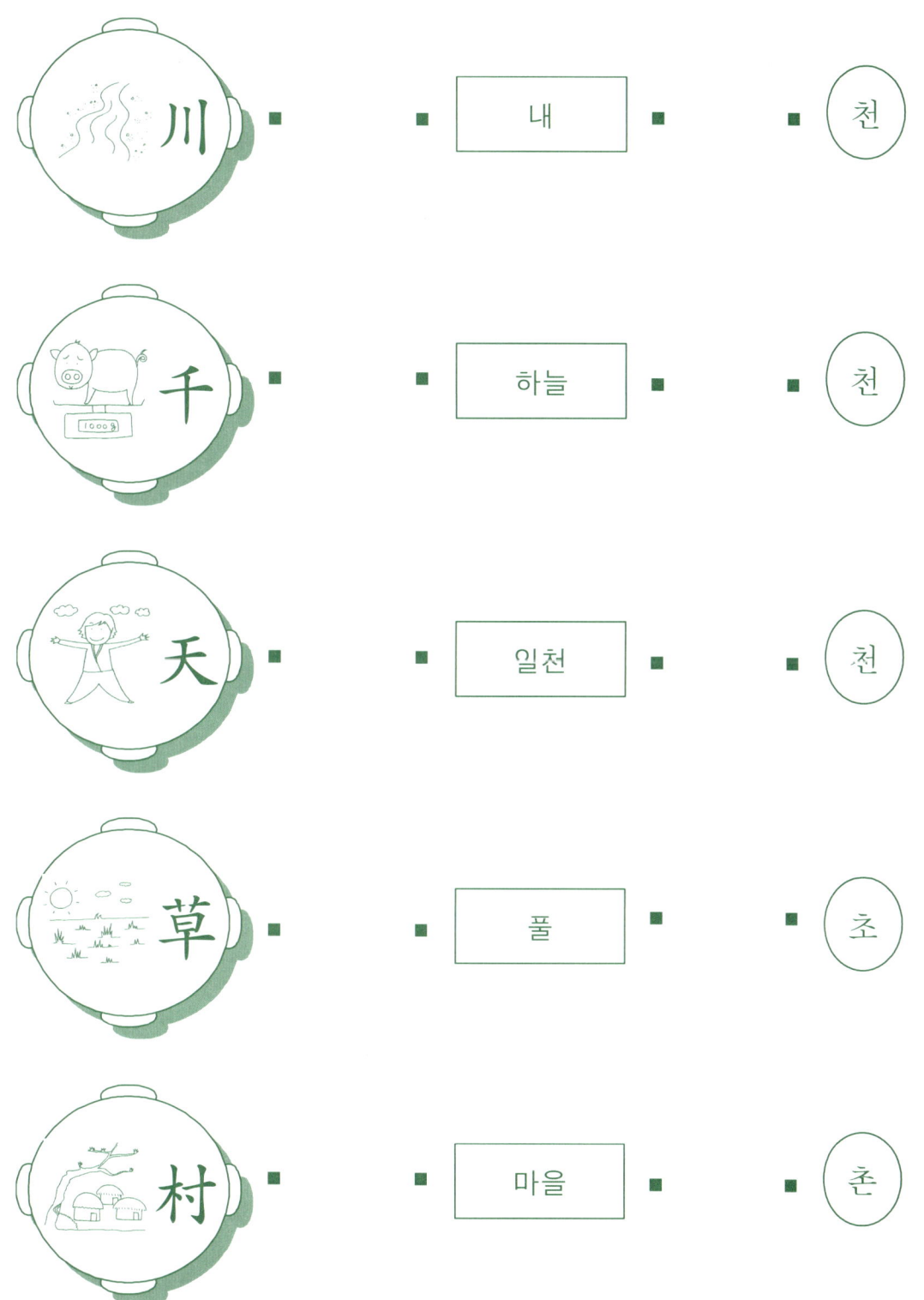

○ **핵심정리장 17**

자원풀이 및 핵심정리

  내(냇물) 천

큰 물이 길게 흘러가는 '냇물'이라는 뜻의 자입니다.
- 산천(山 ↔ 川)은 서로 반의어임.

  일천 천
여러 천

사람의 몸을 이용하여 가로획 하나로 '일천'을 나타내는 단위로 쓰였으며,
십(十)·백(百)·만(萬) 등과 함께 '여럿' 또는 '많다'는 뜻이 있는 자입니다.

  하늘 천
날씨 천

양팔을 크게 벌리고 선사람 머리 위의 높고 넓은 허공이 '하늘'이라는 뜻의 자입니다.
- 천지(天 ↔ 地)는 서로 반의어임.

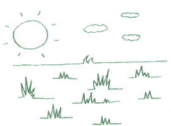    풀 초

봄이 되면 일찍부터 떨기로 싹이 돋는 식물은 '풀'의 종류라는 뜻의 자입니다.
- 초목(草 ↔ 木)은 서로 반의어임.
- 草 ≒ 艸

   마을 촌

수호신으로 모시는 큰 나무를 중심으로 질서 있게 모여 사는 '마을'이라는 뜻의 자입니다.
- 긴소리로 읽음.
- 寸(마디 촌), 村(마을 촌).

7급(7급Ⅱ)-17

월   일 【시 간】   ~

❖ 각 한자어의 독음(讀音)은 바로 뒷면 아랫부분에 ⇩

川 내(냇물) 천	川 巛 부수 0획, 총 3획. ( )부수 ( )획, 총 ( )획.
	山川

千 일천 여러 천 천	十 부수 1획, 총 3획. ( )부수 ( )획, 총 ( )획.
	千金 千萬年 千字文 重:千金

天 하늘 날씨 천 천	大 부수 1획, 총 4획. ( )부수 ( )획, 총 ( )획.
	天地 天命 天國 天上天下 靑天

草 풀 초	⺿ 艸 부수 6획, 총 10획. ( )부수 ( )획, 총 ( )획.
	草木 草食 草家三間 水草 海:草

村 마을 촌	木 부수 3획, 총 7획. ( )부수 ( )획, 총 ( )획.
	村:家 村:長 村:民 村:老 南村

89

♣ 아래의 빈칸을 채우시오.　　　　　　　　　　　　　　　【지난학습】

살 주	무거울 중	따 지	종이 지	곧을 직

【금일학습】

川 내 천					
千 일천 천					
天 하늘 천					
草 풀 초					
村 마을 촌					

산천
천금 천만년 천자문 중천금
천지 천명 천국 천상천하 청천
초목 초식 초가삼간 수초 해초
촌가 촌장 촌민 촌로 남촌

다음 그림에 알맞은 한자(漢字)의 뜻(訓)과 음(音)을 연결 지어 보시오.

○ **핵심정리장 18** 🔽 자세히 읽어 보세요.

자원풀이 및 핵심정리

 秋 秋 秋 秋 秋   가을 추 / 때 추

햇볕을 받아 잘 익은 곡식을 거둬들이는 계절이 '가을' 이라는 뜻의 자입니다.
- 춘추(春 ↔ 秋)는 서로 반의어임.

    봄 춘

따스한 햇볕을 받아 풀싹이 움트는 계절이 '봄' 이라는 뜻의 자입니다.
- 춘하추동(春夏秋冬)
- 춘추(春 ↔ 秋)는 서로 반의어임.

    날(나갈) 출

초록의 싹이 위를 향해 돋아 '나온다' 는 뜻의 자입니다.
- 山(메 산), 出(날 출)
- 출입(出 ↔ 入)은 서로 반의어임.

 偏 便 便(ː)   편할 편 / 똥오줌 변 / 문득 변

사람이 불편한 것은 고쳐서 '편하' 게 한다는 뜻의 자입니다.
- 앞 글자를 길게 또는 짧게도 읽음.
- 일자다음자임. 편·변
- 편안(便安) ↔ 불안(不安)

 平 平 平 平   평평할 평

입김이 골고루 퍼진 것이 밋밋한 방패처럼 '평평하다' 는 뜻의 자입니다.

7급(7급Ⅱ)-18

월   일 【시 간】   ~
❖ 각 한자어의 독음(讀音)은 바로 뒷면 아랫부분에 ⇩

秋 가을 때 추	禾 부수 4획, 총 9획.	( )부수 ( )획, 총 ( )획.		
	秋夕 秋九月			

春 봄 춘	日 부수 5획, 총 9획.	( )부수 ( )획, 총 ( )획.		
	春秋 春色 春夏秋冬 靑春			

出 날(나갈) 출	⼐ 부수 3획, 총 5획.	( )부수 ( )획, 총 ( )획.		
	出入口 出生 出國 出土 出入門			

便 편할 똥오줌 문득 편변변	⼈ 人 부수 7획, 총 9획.	( )부수 ( )획, 총 ( )획.		
	便安 便所 便:紙 小:便			

平 평평할 평	干 부수 2획, 총 5획.	( )부수 ( )획, 총 ( )획.		
	平民 平生 平面 平安 平地			

♣ 아래의 빈칸을 채우시오.

【지난학습】

내 **천**	일천 **천**	하늘 **천**	풀 **초**	마을 **촌**

【금일학습】

秋 가을 **추**					
春 봄 **춘**					
出 날 **출**					
便 편할 **편**					
平 평평할 **평**					

추석 추구월
춘추 춘색 춘하추동 청춘
출입구 출생 출국 출토 출입문
편안 변소 편지 소변
평민 평생 평면 평안 평지

다음 그림에 알맞은 한자(漢字)의 뜻(訓)과 음(音)을 연결 지어 보시오.

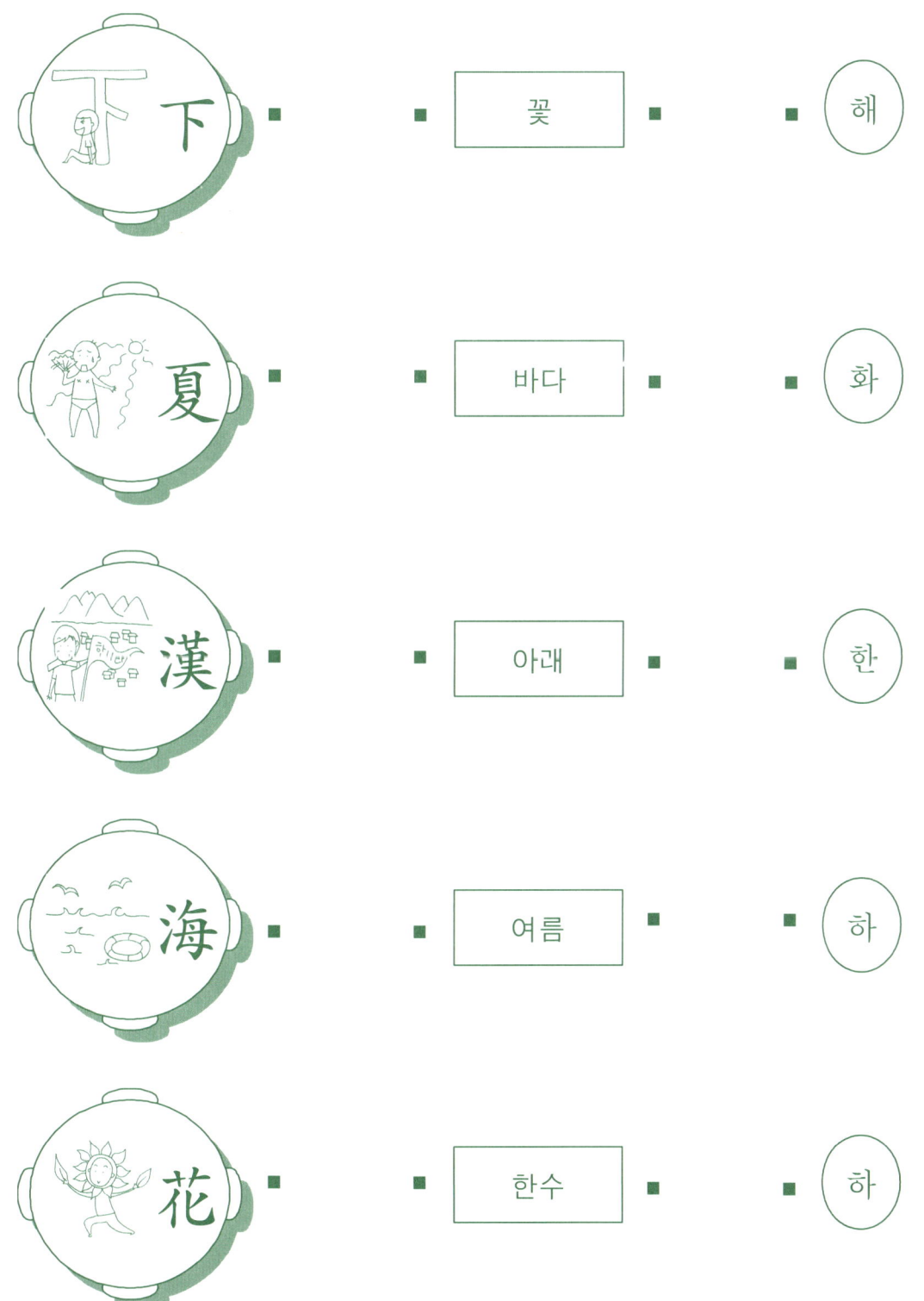

○ **핵심정리장 19**　　　　　　　　　　🔻 자세히 읽어 보세요.

자원풀이 및 핵심정리

 ー ニ 丅 下 下：　아래　하
　　　　　　　　　　　　　　　　내려갈　하

일정한 위치를 그은 선보다 그 '**아래**'라는 뜻의 자로, 아래로 '**내려간다**'는 뜻도 있습니다.

- 긴소리로 읽음.
- **천상**(天上) ↔ **천하**(天下).
- 不(아닐 불 / 부), 下(아래 하)

 ：　여름　하

더워서 머리·손·다리 등을 거의 드러내는 계절이 '**여름**'이라는 뜻의 자입니다.

- 긴소리로 읽음.
- **하동**(夏 ↔ 冬)은 서로 반의어임.

 ：　한수　한
　　　　　　　　　　　　　　한나라　한
　　　　　　　　　　　　　　사나이　한

유독 진흙이 많은 양쯔강 상류의 '**한수**'를 가리키는 자로, 이 지역을 중심으로 세워진 '**한나라**'를 뜻하기도 합니다.

- 긴소리로 읽음.

  ：　바다　해

여러 갈래의 물줄기들이 모아져 늘 물이 가득 차 있는 곳이 '**바다**'라는 뜻의 자입니다.

- 긴소리로 읽음.
- 母(어미 모), 每(매양 매), 海(바다 해)

 芛 華 花　꽃　화

새싹 같은 봉오리가 커질수록 점점 변화하여 '**꽃**'이 된다는 뜻의 자입니다.

7급(7급Ⅱ)-19

월　　　일　【시 간】　　　～
❖ 각 한자어의 독음(讀音)은 바로 뒷면 아랫부분에 ⬇

下
아래
내려갈 하

一 부수 2획, 총 3획. (　　)부수 (　　)획, 총 (　　)획.

下:山　　下:旗　　下:車　　下:校　　下:敎

夏
여름 하

夂 부수 7획, 총 10획. (　　)부수 (　　)획, 총 (　　)획.

夏:日　　夏:冬

漢
한수
한나라
사나이 한

氵水 부수 11획, 총 14획. (　　)부수 (　　)획, 총 (　　)획.

漢:字　　漢:文　　漢:江　　門外漢

海
바다 해

氵水 부수 7획, 총 10획. (　　)부수 (　　)획, 총 (　　)획.

海:軍　　海:水　　海:女　　海:外　　大:海

花
꽃 화

艹 艸 부수 4획, 총 8획. (　　)부수 (　　)획, 총 (　　)획.

花草　　國花　　木花　　白花　　山有花

♣ **아래의 빈칸을 채우시오.**　　　　　　　　　　　　　　　　　　　　　【지난학습】

가을 추	봄 춘	날 출	편할 편	평평할 평

【금일학습】

下 아래 하						
夏 여름 하						
漢 한수 한						
海 바다 해						
花 꽃 화						

하산　하기　하차　하교　하교
하일　하동
한자　한문　한강　문외한
해군　해수　해녀　해외　대해
화초　국화　목화　백화　산유화

다음 그림에 알맞은 한자(漢字)의 뜻(訓)과 음(音)을 연결 지어 보시오.

○ **핵심정리장 20** ⬇ 자세히 읽어 보세요.

자원풀이 및 핵심정리

 話 話 話   말씀(이야기) **화**

혀를 움직여 입소리를 내며 줄줄이 '**말씀**'을 한다는 뜻의 자입니다.

 活 活 活   살(살아있는) **활**

끊임없이 침이 혓바닥에 고이는 것은 '**살아있다**'는 증거를 나타낸 자입니다.
- 話(말씀 화), 活(살 활),

 孝 孝 孝 :   효도 **효**

늙으신 부모님을 업고 있는 모양을 본뜬 자로, 부모를 잘 섬기어 '**효도**'한다는 뜻의 자입니다.
- 긴소리로 읽음.
- 老(늙을 로), 孝(효도 효)

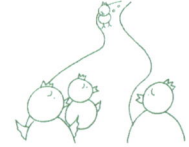 後 後 後 後 :   뒤 **후**

작은 발걸음으로는 조금씩 걸으니 '**뒤**' 쳐진다는 뜻의 자입니다.
- 긴소리로 읽음.
- 전후(前 ↔ 後)는 서로 반의어임.

 休 休 休 休   쉴 **휴** / 아름다울 **휴**

사람이 나무 그늘 밑에서 '**쉰다**'는 뜻의 자입니다.

7급(7급Ⅱ)-20

話 말씀(이야기) 화	言 부수 6획, 총 13획.　(　)부수 (　)획, 총 (　)획.
	手話

活 살(살아있는) 활	氵水 부수 6획, 총 9획.　(　)부수 (　)획, 총 (　)획.
	活動　　活力　　活氣　　生活　　活火山

孝 효도 효	子 부수 4획, 총 7획.　(　)부수 (　)획, 총 (　)획.
	孝:道　　孝:女　　孝:子　　孝:心

後 뒤 후	彳 부수 6획, 총 9획.　(　)부수 (　)획, 총 (　)획.
	後:食　　後:門　　後:世　　後:學　　先後

休 쉴 휴 아름다울 휴	亻人 부수 4획, 총 6획.　(　)부수 (　)획, 총 (　)획.
	休日　　休校　　休學　　休紙　　休火山

101

♣ **아래의 빈칸을 채우시오.** 【지난학습】

아래 하	여름 하	한수 한	바다 해	꽃 화

【금일학습】

話 말씀 화					
活 살 활					
孝 효도 효					
後 뒤 후					
休 쉴 휴					

수화
활동 활력 활기 생활 활화산
효도 효녀 효자 효심
후식 후문 후세 후학 선후
휴일 휴교 휴학 휴지 휴화산

♣ **아래의 한자(漢字)를 써 보시오.**
쓰기 7급(7급Ⅱ) - 1

家 집 가									
歌 노래 가									
間 사이 간									
江 강 강									
車 수레 거									
工 장인 공									
空 빌 공									
口 입 구									
記 기록할 기									

♣ 아래의 한자(漢字)를 써 보시오.
쓰기 7급(7급Ⅱ) - 2

氣							
기운 기							
旗							
기 기							
男							
사내 남							
內							
안 내							
農							
농사 농							
答							
대답 답							
道							
길 도							
冬							
겨울 동							
同							
한가지 동							

♣ 아래의 한자(漢字)를 써 보시오.

쓰기 7급(7급Ⅱ) - 3

洞							
골 동							
動							
움직일 동							
登							
오를 등							
來							
올 래							
力							
힘 력							
老							
늙을 로							
里							
마을 리							
林							
수풀 림							
立							
설 립							

♣ 아래의 한자(漢字)를 써 보시오.

쓰기 7급(7급Ⅱ) - 4

每								
매양 매								
面								
낯 면								
名								
이름 명								
命								
목숨 명								
文								
글월 문								
問								
물을 문								
物								
물건 물								
方								
모 방								
百								
일백 백								

♣ 아래의 한자(漢字)를 써 보시오.

쓰기 7급(7급Ⅱ) - 5

夫									
지아비 부									
不									
아닐 불									
事									
일 사									
算									
셈 산									
上									
윗 상									
色									
빛 색									
夕									
저녁 석									
姓									
성 성									
世									
인간 세									

♣ 아래의 한자(漢字)를 써 보시오.
쓰기 7급(7급Ⅱ) - 6

少									
적을 소									
所									
바 소									
手									
손 수									
數									
셈 수									
市									
저자 시									
時									
때 시									
食									
밥 식									
植									
심을 식									
心									
마음 심									

♣ **아래의 한자(漢字)를 써 보시오.**
쓰기 7급(7급Ⅱ) - 7

安 편안 안								
語 말씀 어								
然 그럴 연								
午 낮 오								
右 오른 우								
有 있을 유								
育 기를 육								
邑 고을 읍								
入 들 입								

♣ **아래의 한자(漢字)를 써 보시오.**

쓰기 7급(7급Ⅱ) - 8

子									
아들 자									
字									
글자 자									
自									
스스로 자									
場									
마당 장									
全									
온전 전									
前									
앞 전									
電									
번개 전									
正									
바를 정									
祖									
할아비 조									

♣ 아래의 한자(漢字)를 써 보시오.

쓰기 7급(7급Ⅱ) - 9

足 발 족									
左 왼 좌									
主 주인 주									
住 살 주									
重 무거울 중									
地 따 지									
紙 종이 지									
直 곧을 직									
川 내 천									

♣ 아래의 한자(漢字)를 써 보시오.

쓰기 7급(7급Ⅱ) – 10

千								
일천 천								
天								
하늘 천								
草								
풀 초								
村								
마을 촌								
秋								
가을 추								
春								
봄 춘								
出								
날 출								
便								
편할 편								
平								
평평할 평								

♣ **아래의 한자(漢字)를 써 보시오.**

쓰기 7급(7급Ⅱ) - 11

| 下 아래 하 |
| 夏 여름 하 |
| 漢 한수 한 |
| 海 바다 해 |
| 花 꽃 화 |
| 話 말씀 화 |
| 活 살 활 |
| 孝 효도 효 |
| 後 뒤 후 |

♣ 아래의 한자(漢字)를 써 보시오.
쓰기 7급(7급Ⅱ) - 12

休									
쉴 휴									

♣ 아래의 약자(略字)・속자(俗字)를 써 보시오.

気 氣 기운 기	気 기운 기					
来 來 올 래	来 올 래					
数 數 셈 수	数 셈 수					

♣ 다음 한자(漢字)의 훈음(訓音)을 쓰시오.   ▶정답은 122쪽

1. 家   (   )
2. 歌   (   )
3. 間   (   )
4. 江   (   )
5. 車   (   )
6. 工   (   )
7. 空   (   )
8. 口   (   )
9. 記   (   )
10. 氣 (   )
11. 旗 (   )
12. 男 (   )
13. 內 (   )
14. 農 (   )
15. 答 (   )
16. 道 (   )
17. 冬 (   )
18. 同 (   )

19. 洞 (   )
20. 動 (   )
21. 登 (   )
22. 來 (   )
23. 力 (   )
24. 老 (   )
25. 里 (   )
26. 林 (   )
27. 立 (   )
28. 每 (   )
29. 面 (   )
30. 名 (   )
31. 命 (   )
32. 文 (   )
33. 問 (   )
34. 物 (   )
35. 方 (   )
36. 百 (   )

♣ 다음 한자(漢字)의 훈음(訓音)을 쓰시오.　　　　　　　　　　▶정답은 122쪽

1. 夫　(　　　　　　　)　　　19. 安　(　　　　　　　)

2. 不　(　　　　　　　)　　　20. 語　(　　　　　　　)

3. 事　(　　　　　　　)　　　21. 然　(　　　　　　　)

4. 算　(　　　　　　　)　　　22. 午　(　　　　　　　)

5. 上　(　　　　　　　)　　　23. 右　(　　　　　　　)

6. 色　(　　　　　　　)　　　24. 有　(　　　　　　　)

7. 夕　(　　　　　　　)　　　25. 育　(　　　　　　　)

8. 姓　(　　　　　　　)　　　26. 邑　(　　　　　　　)

9. 世　(　　　　　　　)　　　27. 入　(　　　　　　　)

10. 少　(　　　　　　　)　　　28. 子　(　　　　　　　)

11. 所　(　　　　　　　)　　　29. 字　(　　　　　　　)

12. 手　(　　　　　　　)　　　30. 自　(　　　　　　　)

13. 數　(　　　　　　　)　　　31. 場　(　　　　　　　)

14. 市　(　　　　　　　)　　　32. 全　(　　　　　　　)

15. 時　(　　　　　　　)　　　33. 前　(　　　　　　　)

16. 食　(　　　　　　　)　　　34. 電　(　　　　　　　)

17. 植　(　　　　　　　)　　　35. 正　(　　　　　　　)

18. 心　(　　　　　　　)　　　36. 祖　(　　　　　　　)

♣ 다음 한자(漢字)의 훈음(訓音)을 쓰시오.   ▶정답은 122쪽

1. 足　(　　　　　)

2. 左　(　　　　　)

3. 主　(　　　　　)

4. 住　(　　　　　)

5. 重　(　　　　　)

6. 地　(　　　　　)

7. 紙　(　　　　　)

8. 直　(　　　　　)

9. 川　(　　　　　)

10. 千　(　　　　　)

11. 天　(　　　　　)

12. 草　(　　　　　)

13. 村　(　　　　　)

14. 秋　(　　　　　)

15. 春　(　　　　　)

16. 出　(　　　　　)

17. 便　(　　　　　)

18. 平　(　　　　　)

19. 下　(　　　　　)

20. 夏　(　　　　　)

21. 漢　(　　　　　)

22. 海　(　　　　　)

23. 花　(　　　　　)

24. 話　(　　　　　)

25. 活　(　　　　　)

26. 孝　(　　　　　)

27. 後　(　　　　　)

28. 休　(　　　　　)

♣ 다음 훈음(訓音)에 알맞은 한자(漢字)를 쓰시오.　　　　▶정답은 122쪽

1. 집 가　　　(　　　)
2. 노래 가　　（　　　）
3. 사이 간　　（　　　）
4. 강 강　　（　　　）
5. 수레 거/차　（　　　）
6. 장인 공　　（　　　）
7. 빌 공　　（　　　）
8. 입 구　　（　　　）
9. 기록할 기　（　　　）
10. 기운 기　　（　　　）
11. 기 기　　（　　　）
12. 사내 남　　（　　　）
13. 안 내　　（　　　）
14. 농사 농　　（　　　）
15. 대답 답　　（　　　）
16. 길 도　　（　　　）
17. 겨울 동　　（　　　）
18. 한가지 동　（　　　）
19. 골 동　　（　　　）
20. 움직일 동　（　　　）
21. 오를 등　　（　　　）
22. 올 래　　（　　　）
23. 힘 력　　（　　　）
24. 늙을 로　　（　　　）
25. 마을 리　　（　　　）
26. 수풀 림　　（　　　）
27. 설 립　　（　　　）
28. 매양 매　　（　　　）
29. 낯 면　　（　　　）
30. 이름 명　　（　　　）
31. 목숨 명　　（　　　）
32. 글월 문　　（　　　）
33. 물을 문　　（　　　）
34. 물건 물　　（　　　）
35. 모 방　　（　　　）
36. 일백 백　　（　　　）

♣ **다음 훈음(訓音)에 알맞은 한자(漢字)를 쓰시오.** ▶정답은 122쪽

1. 지아비 부 ( )
2. 아닐 불/부 ( )
3. 일 사 ( )
4. 셈 산 ( )
5. 윗 상 ( )
6. 빛 색 ( )
7. 저녁 석 ( )
8. 성 성 ( )
9. 인간 세 ( )
10. 적을 소 ( )
11. 바 소 ( )
12. 손 수 ( )
13. 셈 수 ( )
14. 저자 시 ( )
15. 때 시 ( )
16. 밥 식 ( )
17. 심을 식 ( )
18. 마음 심 ( )
19. 편안 안 ( )
20. 말씀 어 ( )
21. 그럴 연 ( )
22. 낮 오 ( )
23. 오른 우 ( )
24. 있을 유 ( )
25. 기를 육 ( )
26. 고을 읍 ( )
27. 들 입 ( )
28. 아들 자 ( )
29. 글자 자 ( )
30. 스스로 자 ( )
31. 마당 장 ( )
32. 온전 전 ( )
33. 앞 전 ( )
34. 번개 전 ( )
35. 바를 정 ( )
36. 할아비 조 ( )

♣ 다음 훈음(訓音)에 알맞은 한자(漢字)를 쓰시오. ▶정답은 122쪽

1. 발 족   (   )
2. 왼 좌   (   )
3. 임금 주   (   )
4. 살 주   (   )
5. 무거울 중   (   )
6. 따 지   (   )
7. 종이 지   (   )
8. 곧을 직   (   )
9. 내 천   (   )
10. 일천 천   (   )
11. 하늘 천   (   )
12. 풀 초   (   )
13. 마을 촌   (   )
14. 가을 추   (   )
15. 봄 춘   (   )
16. 날 출   (   )
17. 편할 편   (   )
18. 평평할 평   (   )

19. 아래 하   (   )
20. 여름 하   (   )
21. 한수 한   (   )
22. 바다 해   (   )
23. 꽃 화   (   )
24. 말씀 화   (   )
25. 살 활   (   )
26. 효도 효   (   )
27. 뒤 후   (   )
28. 쉴 휴   (   )

【정답】 - 한자의 훈음 쓰기

▶ 116쪽

1.집 가　2.노래 가　3.사이 간　4.강 강
5.수레 거/차　6.장인 공　7.빌 공　8.입 구
9.기록할 기　10.기운 기　11.기 기　12.사내 남
13.안 내　14.농사 농　15.대답 답　16.길 도
17.겨울 동　18.한가지 동　19.골 동　20.움직일 동
21.오를 등　22.올 래　23.힘 력　24.늙을 로
25.마을 리　26.수풀 림　27.설 립　28.매양 매
29.낯 면　30.이름 명　31.목숨 명　32.글월 문
33.물을 문　34.물건 물　35.모 방　36.일백 백

▶ 117쪽

1.지아비 부　2.아닐 불/부　3.일 사　4.셈 산
5.윗 상　6.빛 색　7.저녁 석　8.성 성
9.인간 세　10.적을 소　11.바 소　12.손 수
13.셈 수　14.저자 시　15.때 시　16.밥 식
17.심을 식　18.마음 심　19.편안 안　20.말씀 어
21.그럴 연　22.낮 오　23.오른 우　24.있을 유
25.기를 육　26.고을 읍　27.들 입　28.아들 자
29.글자 자　30.스스로 자　31.마당 장　32.온전 전
33.앞 전　34.번개 전　35.바를 정　36.할아비 조

▶ 118쪽

1.발 족　2.왼 좌　3.주인 주　4.살 주
5.무거울 중　6.따 지　7.종이 지　8.곧을 직
9.내 천　10.일천 천　11.하늘 천　12.풀 초
13.마을 촌　14.가을 추　15.봄 춘　16.날 출
17.편할 편　18.평평할 평　19.아래 하　20.여름 하
21.한수 한　22.바다 해　23.꽃 화　24.말씀 화
25.살 활　26.효도 효　27.뒤 후　28.쉴 휴

【정답】 - 훈음에 알맞은 한자쓰기

▶ 119쪽

1. 家　2. 歌　3. 間　4. 江　5. 車
6. 工　7. 空　8. 口　9. 記　10. 氣
11. 旗　12. 男　13. 內　14. 農　15. 答
16. 道　17. 冬　18. 同　19. 洞　20. 動
21. 登　22. 來　23. 力　24. 老　25. 里
26. 林　27. 立　28. 每　29. 面　30. 名
31. 命　32. 文　33. 問　34. 物　35. 方
36. 百

▶ 120쪽

1. 夫　2. 不　3. 事　4. 算　5. 上
6. 色　7. 夕　8. 姓　9. 世　10. 少
11. 所　12. 手　13. 數　14. 市　15. 時
16. 食　17. 植　18. 心　19. 安　20. 語
21. 然　22. 午　23. 右　24. 有　25. 育
26. 邑　27. 入　28. 子　29. 字　30. 自
31. 場　32. 全　33. 前　34. 電　35. 正
36. 祖

▶ 121쪽

1. 足　2. 左　3. 主　4. 住　5. 重
6. 地　7. 紙　8. 直　9. 川　10. 千
11. 天　12. 草　13. 村　14. 秋　15. 春
16. 出　17. 便　18. 平　19. 下　20. 夏
21. 漢　22. 海　23. 花　24. 話　25. 活
26. 孝　27. 後　28. 休

한자어(漢字語) 학습

- 한자어 독음(讀音) 쓰기
- 한자어 쓰기
- 반의어(反義語)
- 동의어(同義語)
- 동음이의어(同音異義語)

♣ 다음 한자어(漢字語)의 독음(讀音)을 쓰시오.   ▶정답은 159쪽

1. 家口   (   )
2. 家內   (   )
3. 家長   (   )
4. 家門   (   )
5. 家事   (   )
6. 歌手   (   )
7. 校:歌   (   )
8. 軍歌   (   )
9. 間:間   (   )
10. 間:食   (   )
11. 間:色   (   )
12. 江山   (   )
13. 江南   (   )
14. 江北   (   )
15. 江村   (   )
16. 車內   (   )
17. 車道   (   )
18. 火:車   (   )
19. 人力車   (   )
20. 工夫   (   )
21. 工場   (   )
22. 工學   (   )
23. 空間   (   )
24. 空軍   (   )
25. 空中   (   )
26. 空白   (   )
27. 空氣   (   )
28. 口:語   (   )
29. 人口   (   )
30. 出入口   (   )
31. 記事   (   )
32. 記入   (   )
33. 手記   (   )
34. 氣力   (   )
35. 氣色   (   )
36. 旗手   (   )

♣ **다음 한자어(漢字語)의 독음(讀音)을 쓰시오.**　　▶정답은 159쪽

1. 白旗　　(　　　　)
2. 校:旗　　(　　　　)
3. 男女　　(　　　　)
4. 男子　　(　　　　)
5. 男學生　(　　　　)
6. 南男北女　(　　　　)
7. 內:外　　(　　　　)
8. 內:室　　(　　　　)
9. 內:心　　(　　　　)
10. 內:面　　(　　　　)
11. 內:人　　(　　　　)
12. 農村　　(　　　　)
13. 農林　　(　　　　)
14. 農夫　　(　　　　)
15. 農事　　(　　　　)
16. 農場　　(　　　　)
17. 農地　　(　　　　)
18. 正:答　　(　　　　)
19. 道:場　　(　　　　)
20. 道:家　　(　　　　)
21. 道:人　　(　　　　)
22. 正:道　　(　　　　)
23. 冬:天　　(　　　　)
24. 三冬　　(　　　　)
25. 同門　　(　　　　)
26. 同氣　　(　　　　)
27. 同色　　(　　　　)
28. 同生　　(　　　　)
29. 同數　　(　　　　)
30. 洞:口　　(　　　　)
31. 洞:里　　(　　　　)
32. 洞:民　　(　　　　)
33. 洞:長　　(　　　　)
34. 洞:內　　(　　　　)
35. 動:物　　(　　　　)
36. 動:植物　(　　　　)

♣ 다음 한자어(漢字語)의 독음(讀音)을 쓰시오. ▶정답은 159쪽

1. 不動 ( )
2. 出動 ( )
3. 自動車 ( )
4. 登山 ( )
5. 登校 ( )
6. 登記 ( )
7. 登場 ( )
8. 來日 ( )
9. 來年 ( )
10. 來:世 ( )
11. 來:韓 ( )
12. 力道 ( )
13. 水力 ( )
14. 火:力 ( )
15. 力不足 ( )
16. 老:人 ( )
17. 老:少 ( )
18. 老:年 ( )
19. 老:後 ( )
20. 老:父母 ( )
21. 里:長 ( )
22. 十里 ( )
23. 數:千里 ( )
24. 數:萬里 ( )
25. 山林 ( )
26. 國有林 ( )
27. 立春 ( )
28. 立夏 ( )
29. 立秋 ( )
30. 立冬 ( )
31. 立場 ( )
32. 每日 ( )
33. 每:月 ( )
34. 每:年 ( )
35. 每:事 ( )
36. 每:時 ( )

♣ **다음 한자어(漢字語)의 독음(讀音)을 쓰시오.**   ▶정답은 159쪽

1. 面:上   (   )
2. 面:長   (   )
3. 面:前   (   )
4. 海:面   (   )
5. 名山   (   )
6. 名門   (   )
7. 名手   (   )
8. 名答   (   )
9. 名物   (   )
10. 名家   (   )
11. 命:名   (   )
12. 命:中   (   )
13. 文字   (   )
14. 文學   (   )
15. 文敎   (   )
16. 天文   (   )
17. 問:答   (   )
18. 問:安   (   )

19. 物色   (   )
20. 萬:物   (   )
21. 生物   (   )
22. 人物   (   )
23. 文物   (   )
24. 方正   (   )
25. 方面   (   )
26. 方道   (   )
27. 八方   (   )
28. 南方   (   )
29. 百姓   (   )
30. 百年   (   )
31. 百萬   (   )
32. 百草   (   )
33. 夫人   (   )
34. 工夫   (   )
35. 不正   (   )
36. 不平   (   )

♣ 다음 한자어(漢字語)의 독음(讀音)을 쓰시오.   ▶정답은 159쪽

1. 不安   (   )   19. 白色   (   )
2. 不足   (   )   20. 夕食   (   )
3. 不孝   (   )   21. 七夕   (   )
4. 事:大   (   )   22. 姓:名   (   )
5. 事:物   (   )   23. 世:間   (   )
6. 事:前   (   )   24. 世:上   (   )
7. 事:後   (   )   25. 世:事   (   )
8. 大:事   (   )   26. 萬:世   (   )
9. 算:數   (   )   27. 出世   (   )
10. 算:出   (   )   28. 少:年   (   )
11. 算:入   (   )   29. 少:女   (   )
12. 上:下   (   )   30. 少:時   (   )
13. 上:同   (   )   31. 所:有   (   )
14. 上:中下   (   )   32. 所:重   (   )
15. 上:水道   (   )   33. 所:出   (   )
16. 海:上   (   )   34. 山所   (   )
17. 色紙   (   )   35. 手足   (   )
18. 正:色   (   )   36. 手中   (   )

♣ 다음 한자어(漢字語)의 독음(讀音)을 쓰시오. ▶정답은 159쪽

1. 手下 (　　　)
2. 手工 (　　　)
3. 手話 (　　　)
4. 數:字 (　　　)
5. 數:年 (　　　)
6. 數:學 (　　　)
7. 數:千萬 (　　　)
8. 寸:數 (　　　)
9. 市:場 (　　　)
10. 市:長 (　　　)
11. 市:內 (　　　)
12. 市:民 (　　　)
13. 市:道邑面 (　　　)
14. 時間 (　　　)
15. 時日 (　　　)
16. 生時 (　　　)
17. 四時 (　　　)
18. 一時 (　　　)
19. 食口 (　　　)
20. 食水 (　　　)
21. 食事 (　　　)
22. 食前 (　　　)
23. 食後 (　　　)
24. 植字 (　　　)
25. 植物 (　　　)
26. 植木日 (　　　)
27. 植民地 (　　　)
28. 心地 (　　　)
29. 心算 (　　　)
30. 心氣 (　　　)
31. 民心 (　　　)
32. 中心 (　　　)
33. 安全 (　　　)
34. 安心 (　　　)
35. 安住 (　　　)
36. 不安 (　　　)

♣ 다음 한자어(漢字語)의 독음(讀音)을 쓰시오.　　　▶정답은 160쪽

1. 安東　　　(　　　)
2. 語:氣　　　(　　　)
3. 語:文　　　(　　　)
4. 語:學　　　(　　　)
5. 然後　　　(　　　)
6. 自然　　　(　　　)
7. 天然　　　(　　　)
8. 午:前　　　(　　　)
9. 午:後　　　(　　　)
10. 上:午　　　(　　　)
11. 正:午　　　(　　　)
12. 下:午　　　(　　　)
13. 右:手　　　(　　　)
14. 右:便　　　(　　　)
15. 有:色　　　(　　　)
16. 有:力　　　(　　　)
17. 有:名　　　(　　　)
18. 國有地　　(　　　)

19. 育林　　　(　　　)
20. 生育　　　(　　　)
21. 敎:育　　　(　　　)
22. 邑長　　　(　　　)
23. 邑內　　　(　　　)
24. 邑村　　　(　　　)
25. 邑面洞　　(　　　)
26. 小:邑　　　(　　　)
27. 入學　　　(　　　)
28. 入室　　　(　　　)
29. 入國　　　(　　　)
30. 入口　　　(　　　)
31. 入金　　　(　　　)
32. 子女　　　(　　　)
33. 子正　　　(　　　)
34. 天子　　　(　　　)
35. 王子　　　(　　　)
36. 弟:子　　　(　　　)

♣ 다음 한자어(漢字語)의 독음(讀音)을 쓰시오. ▶정답은 160쪽

1. 字母 (　　　)
2. 正:字 (　　　)
3. 十字 (　　　)
4. 八字 (　　　)
5. 自問自答 (　　　)
6. 自立 (　　　)
7. 自白 (　　　)
8. 自生 (　　　)
9. 自重 (　　　)
10. 場所 (　　　)
11. 場面 (　　　)
12. 場外 (　　　)
13. 敎:場 (　　　)
14. 全面 (　　　)
15. 全國 (　　　)
16. 全軍 (　　　)
17. 全力 (　　　)
18. 萬:全 (　　　)
19. 前後 (　　　)
20. 前面 (　　　)
21. 生前 (　　　)
22. 電:氣 (　　　)
23. 電:力 (　　　)
24. 電:車 (　　　)
25. 電:話 (　　　)
26. 電:動車 (　　　)
27. 正:門 (　　　)
28. 正月 (　　　)
29. 正:道 (　　　)
30. 正:午 (　　　)
31. 正:直 (　　　)
32. 祖國 (　　　)
33. 祖父 (　　　)
34. 祖母 (　　　)
35. 祖上 (　　　)
36. 先祖 (　　　)

♣ 다음 한자어(漢字語)의 독음(讀音)을 쓰시오.　　▶정답은 160쪽

1. 足下　　(　　　　)
2. 自足　　(　　　　)
3. 左:右　　(　　　　)
4. 左:右間　(　　　　)
5. 左:手　　(　　　　)
6. 左:便　　(　　　　)
7. 主人　　(　　　　)
8. 主語　　(　　　　)
9. 主食　　(　　　　)
10. 主上　　(　　　　)
11. 自主　　(　　　　)
12. 住:民　　(　　　　)
13. 住:所　　(　　　　)
14. 重:大　　(　　　　)
15. 重:大事　(　　　　)
16. 重:力　　(　　　　)
17. 二:重　　(　　　　)
18. 三重　　(　　　　)

19. 地下　　(　　　　)
20. 地下室　(　　　　)
21. 地主　　(　　　　)
22. 地方　　(　　　　)
23. 地名　　(　　　　)
24. 土地　　(　　　　)
25. 紙面　　(　　　　)
26. 紙上　　(　　　　)
27. 韓:紙　　(　　　　)
28. 白紙　　(　　　　)
29. 寸:紙　　(　　　　)
30. 直後　　(　　　　)
31. 直面　　(　　　　)
32. 直前　　(　　　　)
33. 直立　　(　　　　)
34. 直千金　(　　　　)
35. 山川　　(　　　　)
36. 千金　　(　　　　)

♣ 다음 한자어(漢字語)의 독음(讀音)을 쓰시오.　▶정답은 160쪽

1. 千萬年　(　　　)
2. 千字文　(　　　)
3. 重:千金　(　　　)
4. 天地　(　　　)
5. 天命　(　　　)
6. 天國　(　　　)
7. 天上天下　(　　　)
8. 靑天　(　　　)
9. 草木　(　　　)
10. 草食　(　　　)
11. 草家三間　(　　　)
12. 水草　(　　　)
13. 海:草　(　　　)
14. 村:家　(　　　)
15. 村:長　(　　　)
16. 村:民　(　　　)
17. 村:老　(　　　)
18. 南村　(　　　)
19. 秋夕　(　　　)
20. 秋九月　(　　　)
21. 春秋　(　　　)
22. 春色　(　　　)
23. 春夏秋冬　(　　　)
24. 靑春　(　　　)
25. 出入口　(　　　)
26. 出生　(　　　)
27. 出國　(　　　)
28. 出土　(　　　)
29. 出入門　(　　　)
30. 便安　(　　　)
31. 便所　(　　　)
32. 便:紙　(　　　)
33. 小:便　(　　　)
34. 平民　(　　　)
35. 平生　(　　　)
36. 平面　(　　　)

♣ 다음 한자어(漢字語)의 독음(讀音)을 쓰시오.   ▶정답은 160쪽

1. 平安 (　　　)
2. 平地 (　　　)
3. 下:山 (　　　)
4. 下:旗 (　　　)
5. 下:車 (　　　)
6. 下:校 (　　　)
7. 下:敎 (　　　)
8. 夏:日 (　　　)
9. 夏:冬 (　　　)
10. 漢:字 (　　　)
11. 漢:文 (　　　)
12. 漢:江 (　　　)
13. 門外漢 (　　　)
14. 海:軍 (　　　)
15. 海:水 (　　　)
16. 海:女 (　　　)
17. 海:外 (　　　)
18. 大:海 (　　　)
19. 花草 (　　　)
20. 國花 (　　　)
21. 木花 (　　　)
22. 白花 (　　　)
23. 山有花 (　　　)
24. 手話 (　　　)
25. 活動 (　　　)
26. 活力 (　　　)
27. 活氣 (　　　)
28. 生活 (　　　)
29. 活火山 (　　　)
30. 孝:道 (　　　)
31. 孝:女 (　　　)
32. 孝:子 (　　　)
33. 孝:心 (　　　)
34. 後:食 (　　　)
35. 後:門 (　　　)
36. 後:世 (　　　)

♣ **다음 한자어(漢字語)의 독음(讀音)을 쓰시오.** ▶정답은 160쪽

1. 後:學　　　(　　　　)
2. 先後　　　(　　　　)
3. 休日　　　(　　　　)
4. 休校　　　(　　　　)
5. 休學　　　(　　　　)
6. 休紙　　　(　　　　)
7. 休火山　　(　　　　)
8. 國歌　　　(　　　　)
9. 車間　　　(　　　　)
10. 國旗　　　(　　　　)
11. 八道江山　(　　　　)

♣ 다음 낱말 풀이에 알맞은 한자(漢字)를 쓰시오.　　　　▶정답은 161쪽

1. 가구　(　　　　　　　)

① 집안의 식구 ② 한 집을 차린 독립된 생계
¶ 그 집에는 10 ~가 넘게 살고 있다.

2. 가내　(　　　　　　　)

① 집안 ② 가까운 일가
¶ 오랜만입니다. ~에 두루 편안하신지요.

3. 가장　(　　　　　　　)

집안의 어른
¶ 영희는 어린 나이에 ~의 책임을 맡게 되었다.

4. 가문　(　　　　　　　)

집안과 문중
¶ 멸치는 뼈대있는 ~이라 문어와 같은 집안과는 혼인할 수 없었다.

5. 가사　(　　　　　　　)

집안 안의 일
¶ 미희는 어머니의 ~을 도왔다.

6. 가수　(　　　　　　　)

노래부르는 것을 직업으로 가진 사람
¶ 진희의 꿈은 많은 사람들에게 사랑 받는 ~가 되는 것이다.

7. 교가　(　　　　　　　)

학교의 노래
¶ 나라의 노래는 국가, 학교의 노래는 ~.

8. 군가　(　　　　　　　)

군대의 사기를 북돋우기 위하여 부르는 노래
¶「팔도 사나이」등의 ~는 사나이의 자부심을 심어준다.

9. 간간　(　　　　　　　)

간간이. 드문드문
¶ ~이 소식이 있기는 하지만, 도무지 어디에 뭐하고 사는지는 알 수 없었다.

10. 간식　(　　　　　　　)

끼니와 끼니 사이에 먹는 음식
¶ 와우! 오늘 ~은 찹쌀떡이네!

11. 간색　(　　　　　　　)

원색과 원색을 섞어서 만든 색. 중간색
¶ 궁궐이나 사당에는 ~을 사용하지 않는다.

12. 강산　(　　　　　　　)

① 강과 산 ② 나라의 영토
¶ 죽어서 조국의 ~을 다시 볼 수만 있다면… .

13. 강남　(　　　　　　　)

강의 남쪽
¶ 강의 남쪽을 ~이라 하고… .

14. 강북　(　　　　　　　)

강의 북쪽
¶ 강의 북쪽을 ~이라 한다.

15. 강촌　(　　　　　　　)

강가에 있는 마을
¶ 산에 있는 마을은 산촌, 강에 있는 마을은 ~이라 한다.

16. 차내　(　　　　　　　)

차 안
¶ ~에서는 뛰어 다녀서는 안된다.

17. 차도　(　　　　　　　)

차가 다니는 길
¶ 사람이 다니는 길은 인도(人道), 차가 다니는 길은 ~라 한다.

18. 화차　(　　　　　　　)

① 옛날에 전쟁에 쓰이던 전차(戰車) ② 기차
¶ ~ 천여 대가 돌진해 오고 있었다.

♣ 다음 낱말 풀이에 알맞은 한자(漢字)를 쓰시오.　　　▶정답은 161쪽

1. 인력거 (　　　　　)
사람의 힘으로 가는 수레
¶ 김서방은 죽을 힘을 다해 ~를 끌고 또 끌었다.

2. 공부 (　　　　　)
학문을 배움
¶ 나는 지금까지 어머니께 '~해라' 하는 소리를 한 번도 들은 적이 없다.

3. 공장 (　　　　　)
기계 등을 사용해 생산에 종사하는 시설
¶ 오늘은 자동차 ~에 견학 가는 날이다.

4. 공학 (　　　　　)
자연과학적 수법을 사용해 새로운 제품이나 기술을 연구하는 학문
¶ 화학과와 화학~과의 차이점이 뭐지?

5. 공간 (　　　　　)
비어있는 사이, 틈
¶ 지하철 안에서 아줌마들이 작은 ~을 비집고 달려들기 시작했다.

6. 공군 (　　　　　)
공중에서 싸우는 군대
¶ ~이 없으면 이 전쟁은 하나마나다!

7. 공중 (　　　　　)
허공, 하늘
¶ 파아란 ~에 노오란 풍선들이 두둥실 떠가고 있었다.

8. 공백 (　　　　　)
하얗게 비어 있는 것. 아무것도 없이 비어 있는 것
¶ 태영이는 일 년여의 ~기간을 가진 후 다시 화려하게 데뷔했다.

9. 공기 (　　　　　)
허공 중에 있는 기체
¶ 심각한 환경 오염으로 ~도 팔아먹는 세상이 되었다.

10. 구어 (　　　　　)
입으로 하는 말로, 문어(文語)의 반대말
¶ 문어(文語)와 ~는 다른 점이 많다.

11. 인구 (　　　　　)
일정한 지역 안에 사는 사람의 수효
¶ 수도권은 ~과밀지역이다.

12. 출입구 (　　　　　)
나가고 들어오는 어귀
¶ 평상시에는 비상구보다 ~를 이용하시오.

13. 기사 (　　　　　)
① 어떤 일을 적은 글 ② 신문이나 잡지에 기록된 글
¶ 그 신문은 허위 폭로성 ~들로 지면을 가득 메우고 있다.

14. 기입 (　　　　　)
적어 넣음
¶ 여기에 주소를 ~해 주십시오.

15. 수기 (　　　　　)
체험을 손으로 직접 기록한 글
¶ 그 ~야말로 마지막 남은 증거물이었다.

16. 기력 (　　　　　)
기운과 힘
¶ 이 영약을 먹이면 ~을 회복할 수 있을 것입니다.

17. 기색 (　　　　　)
기분이 얼굴색에 나타난 것
¶ 선생님은 화난 ~이 역력했다.

18. 기수 (　　　　　)
깃발을 드는 사람
¶ ~들을 모두 모아라!

♣ **다음 낱말 풀이에 알맞은 한자(漢字)를 쓰시오.** ▶정답은 161쪽

1. 백기　(　　　　)
백색의 깃발
¶ 성곽 위로 ~가 올라오기 시작했다.

2. 교기　(　　　　)
학교의 깃발
¶ 나라의 깃발은 국기, 학교의 깃발은 ~이다.

3. 남녀　(　　　　)
남자와 여자
¶ 이 옷은 ~ 다 같이 입을 수 있습니다.

4. 남자　(　　　　)
남성인 사람. 사내
¶ 이 땅에 ~로 태어나 산다는 것은 정말 쉽지 않다.

5. 남학생　(　　　　)
남자인 학생
¶ ~들의 수학 점수가 여학생들보다 5점 높았다.

6. 남남북녀　(　　　　)
우리나라에서, 남쪽 지방은 남자가, 북쪽 지방은 여자가 아름답다는 말
¶ ~라고 하더니 역시 북쪽의 여자들은 하나같이 미인들이었다.

7. 내외　(　　　　)
① 안과 밖 ② 국내와 국외 ③ 부부 ④ 부녀자가 외간 남자와 얼굴을 바로 대하지 않고 피하는 일
¶ 이 카드는 국~ 겸용이다.

8. 내실　(　　　　)
① 아낙네가 거처하는 방 ② 남의 아내에 대한 존칭
¶ ~에 누가 왔느냐?

9. 내심　(　　　　)
속마음
¶ ~을 털어놓다.

10. 내면　(　　　　)
① 물건의 안쪽 ② 인간의 정신·심리에 관한 면
¶ 인간성의 ~ 상황.

11. 나인/내인　(　　　　)
고려·조선 시대에 궁중에서 임금과 왕비의 시중을 들던 정5품 상궁 이하 궁녀의 총칭
¶ 궁 안의 모든 ~들을 불러들여라!
※ 내인 : 아낙네

12. 농촌　(　　　　)
농사지으며 사는 사람들이 사는 마을
¶ 세계화 이후로 ~이 빠른 속도로 붕괴하고 있다.

13. 농림　(　　　　)
농업과 임업
¶ 농업과 임업을 합쳐 ~이라 한다.

14. 농부　(　　　　)
농사짓는 일을 직업으로 삼는 사람
¶ 가을이 되어도 ~들은 희망이 없었다.

15. 농사　(　　　　)
논밭에 작물을 재배하거나 동물을 사육하는 일
¶ 올 ~는 풍년이었지만, 오히려 이 때문에 농산물 가격이 매우 떨어졌다.

16. 농장　(　　　　)
일정한 농지에 집·농기구 등을 갖추고 농업을 하는 곳
¶ 올 여름은 할아버지의 ~에서 보낼 생각이다.

17. 농지　(　　　　)
농사짓는 땅
¶ 농사를 지으려도 지을 ~가 없었다.

18. 정답　(　　　　)
올바른 대답
¶ 오답(誤答)말고 ~만 다 쓰면 무조건 100점이다.

♣ **다음 낱말 풀이에 알맞은 한자(漢字)를 쓰시오.** ▶정답은 161쪽

1. 도장 (　　　　　)

무예를 연습하는 곳
¶ 오전에는 태권도 ~, 오후에는 검도 ~, 저녁에는 유도 ~에서 하루를 보낸다.

2. 도가 (　　　　　)

노장(老莊)의 일파로 허무(虛無)와 무위(無爲)의 설을 따르는 학파
¶ 유불도(儒佛道)란 유가(儒家)·불가(佛家) 그리고 ~를 말한다.

3. 도인 (　　　　　)

도사(道士). 또는 도를 수련하는 사람
¶ 요즘 사이비 ~들이 판을 치고 있다.

4. 정도 (　　　　　)

올바른 도리, 올바른 방법
¶ 사람이란 항상 ~를 걸어야 하는 법이다.

5. 동천 (　　　　　)

겨울 날씨
¶ ~이라도 그 속에 생명은 있단다.

6. 삼동 (　　　　　)

① 겨울 석 달 ② 세 해의 겨울
¶ ~ 매서운 추위를 잘 참고 견뎌야 한다

7. 동문 (　　　　　)

같은 학교나 스승 밑에서 배운 사람
¶ 상두와 나는 ~ 사이이다.

8. 동기 (　　　　　)

같은 기운을 타고 태어난 사람으로, 곧 형제를 이르는 말
¶ 어쩌면 ~간이면서도 저렇게 하는 짓이 다르니!

9. 동색 (　　　　　)

같은 색깔
¶ 초록(草綠)은 ~이라 하더니…. 너를 두고 하는 말이구나!

10. 동생 (　　　　　)

아우
¶ 아가야! 예쁜 ~하고 사이좋게 놀아라.

11. 동수 (　　　　　)

같은 수효, 수가 같음
¶ 찬성과 반대가 ~이므로 본 안건은 부결되었음을 선언합니다.

12. 동구 (　　　　　)

마을의 어귀·입구
¶ ~ 밖 과수원길 아카시아 꽃이 활짝 폈네.

13. 동리 (　　　　　)

마을
¶ 네가 사는 ~가 어디냐?

14. 동민 (　　　　　)

같은 동네에 사는 사람
¶ 아 김형, 같은 ~ 끼리 왜 이리십니까? 질 좀 해 주세요? 싫은디!

15. 동장 (　　　　　)

① 마을의 우두머리 ② 동사무소의 장
¶ 다음 주 수요일에 ~ 선거가 있다.

16. 동내 (　　　　　)

동네의 안
¶ 동네 안을 ~라고도 하지.

17. 동물 (　　　　　)

움직이는 생물로 식물의 반대
¶ 너는 ~을 사랑하자더니 웬 가죽옷만 입고 다니니? 그리고 계란은 왜 먹어?

18. 동식물 (　　　　　)

동물과 식물
¶ 이 지구상에는 우리에게 알려진 ~보다 알려지지 않은 ~이 더 많다.

♣ 다음 낱말 풀이에 알맞은 한자(漢字)를 쓰시오. ▶정답은 161쪽

1. 부동 (   )

움직이지 않음, 변하지 않음
¶ 사람에게는 움직이지 않는 마음, 곧 변함없는 마음인 ~심이 있어야 한다.

2. 출동 (   )

나아가 움직임
¶ 로봇트 태권V ~!

3. 자동차 (   )

스스로 움직이는 차
¶ 사람이 우선인가, 아니면 ~가 우선인가?

4. 등산 (   )

산에 올라감
¶ 오는 토요일에 북한산 ~ 계획이 있다.

5. 등교 (   )

학교에 공부하러 나감
¶ 오늘도 영희는 ~하지 않았다.

6. 등기 (   )

등기부에 민법상의 권리나 사실의 존재를 기록하는 것
¶ 이 땅은 대금을 치르고 ~도 내 이름으로 마쳤다.

7. 등장 (   )

무대에 올라가 나타나는 것
¶ 드디어 춘향이가 ~할 시간이 되었다.

8. 내일 (   )

오는 날, 곧 오늘의 다음날
¶ 오늘의 할 일을 ~로 미루지 말라!

9. 내년 (   )

오는 해, 곧 올해의 다음 해
¶ 아버지는 ~도 올해처럼 풍년이 들기를 기원했습니다.

10. 내세 (   )

오는 세상, 곧 죽은 다음에 가는 세상
¶ 인연이 있다면 ~에 만날 수 있겠지요. 낭자! 너무 슬퍼하지 마시오.

11. 내한 (   )

한국에 오는 것
¶ 부시가 ~하여 서울역 광장에서 노래를 한다고 한다.

12. 역도 (   )

역기(力器)를 들어올리는 운동
¶ 현정이의 꿈은 세계 제일의 ~ 선수가 되는 것이다.

13. 수력 (   )

물의 힘
¶ 큰 강에서 전기를 얻을 때는 ~ 발전소를 건설한다.

14. 화력 (   )

불의 힘
¶ ~ 발전소는 기름 등을 때서 전력을 얻는다.

15. 역부족 (   )

힘이 부족함
¶ 김장군은 혼신의 힘을 다해 싸웠으나 ~이었다. 적이 너무 많았다.

16. 노인 (   )

늙은 사람
¶ 예의가 바로 서면 ~들이 길에서 무거운 가방을 들고 다니는 일이 없을 것이다.

17. 노소 (   )

늙은이와 젊은이
¶ 남녀~를 막론하고 모두 모여들었다.

18. 노년 (   )

늙은 나이
¶ 인생의 마무리, ~의 대책을 세워놓자.

♣ **다음 낱말 풀이에 알맞은 한자(漢字)를 쓰시오.**　　　▶정답은 161쪽

1. 노후　(　　　　　)

늙어진 후
¶ 세상이 각박해지다보니 ~ 생계 대책을 젊어서부터 세워야 하는 시대가 되어버렸다.

2. 노부모　(　　　　　)

늙으신 부모
¶ 돈을 벌기 위해 ~와 헤어져야만 한다는 사실이 너무나 서글펐습니다.

3. 이장　(　　　　　)

마을의 우두머리
¶ 동장도 선거로 뽑는데 ~은 왜 선거로 안 뽑겠다는 거야!

4. 십리　(　　　　　)

열 리
¶ ~ 길도 한 걸음부터.

5. 수천리　(　　　　　)

천의 여러 배 되는 리
¶ ~를 걸어서 여행하다니!

6. 수만리　(　　　　　)

여러 만 리
¶ 전설 속의 붕새는 한번에 ~를 난다고 한다.

7. 산림　(　　　　　)

산에 있는 숲
¶ 한번 산불로 타버린 ~이 복원되려면 50년이 걸린다.

8. 국유림　(　　　　　)

국가에서 소유한 숲
¶ ~은 사적인 용도로 사용할 수 없다.

9. 입춘　(　　　　　)

봄이 시작되는 날로 24절기의 하나이며, 양력 2월 4일경
¶ ~이 지났는데도 아직도 날이 쌀쌀하다.

10. 입하　(　　　　　)

여름이 시작되는 날로 24절기의 하나이며, 양력 5월 5~6일경
¶ ~는 아직도 열흘이나 남았지만, 날은 이미 여름이나 다름없었다.

11. 입추　(　　　　　)

가을이 시작되는 날로 24절기의 하나이며, 양력 8월 8~9일경
¶ 벌써 ~다. 올 여름도 얼마 남지 않았구나.

12. 입동　(　　　　　)

겨울이 시작되는 날로 24절기의 하나이며, 양력 11월 7~8일경
¶ 올 ~은 유난히도 추웠다.

13. 입장　(　　　　　)

당면하고 있는 처지
¶ 난처한 ~.

14. 매일　(　　　　　)

날마다, 나날이
¶ ~ 보는 얼굴이지만 아무리 보아도 질리지 않았다.

15. 매월　(　　　　　)

달마다, 다달이
¶ ~ 둘째주 토요일에 등산모임이 있다.

16. 매년　(　　　　　)

해마다
¶ 해마다 ~ 10월이 되면 그 사람이 생각나곤 한다.

17. 매사　(　　　　　)

늘 하는 일
¶ ~에 그저 신중해야 하느니라.

18. 매시　(　　　　　)

각각의 시간마다
¶ ~마다 한 봉지씩 드세요.

♣ **다음 낱말 풀이에 알맞은 한자(漢字)를 쓰시오.** ▶정답은 161쪽

1. 면상 (   )

얼굴의 위
¶ 그런 ~으로 감히 나를 찾아오다니…. 부끄럽지도 않더란 말이냐?

2. 면장 (   )

면의 우두머리
¶ ~님 면전에서 면상을 쳐들다니…. 웬 무례함이냐?

3. 면전 (   )

얼굴 앞
¶ 내 ~에서 그런 짓을 하다니…. 용서할 수 없다.

4. 해면 (   )

바다의 표면
¶ 지구온난화 때문에 ~이 해마다 상승하고 있다.

5. 명산 (   )

이름난 산. 유명한 산
¶ ~대천에 사시사철 놀러 다니는 것이 나의 일이다.

6. 명문 (   )

이름난 훌륭한 가문
¶ 자네는 ~의 자손으로서 그 일이 부끄럽지도 않더란 말이냐?

7. 명수 (   )

어떤 일을 매우 잘하는 사람
¶ 장군은 활의 ~시다.

8. 명답 (   )

잘된 답, 꼭 알맞은 답
¶ 참으로 ~이옵니다.

9. 명물 (   )

유명한 물건이나 사람
¶ 장안의 ~, 윤미리 양을 소개합니다.

10. 명가 (   )

이름난 훌륭한 집안
¶ 우리 가문은 대대로 10대 ~에 손꼽혀왔느니라.

11. 명명 (   )

이름을 붙임
¶ 새로 발견된 별을 '반짝이'라고 ~하였다.

12. 명중 (   )

겨냥한 곳에 바로 적중함
¶ 백발백중 ~이옵니다

13. 문자 (   )

글자
¶ 전 세계에 자국의 ~를 가지고 있는 나라는 그리 많지 않다.

14. 문학 (   )

① 글에 대한 학문 ② 정서나 사상을 문자나 언어로 표현한 예술 또는 그 작품
¶ ~과 사학, 철학을 합쳐서 문사철(文史哲)이라고 한다.

15. 문교 (   )

학문·교육으로 사람을 가르침
¶ 옛날에는 나라를 세울 때에 ~정책을 가장 먼저 세웠다.

16. 천문 (   )

'하늘의 무늬'라는 뜻으로 천체에서 일어나는 온갖 형상을 말함
¶ 우리 조상들은 대대로 ~에 능통했다.

17. 문답 (   )

묻고 답함
¶ 이 책은 ~식으로 구성되어 있다.

18. 문안 (   )

안부를 물음
¶ 춘향이 ~ 여쭈옵니다.

♣ **다음 낱말 풀이에 알맞은 한자(漢字)를 쓰시오.**   ▶정답은 161쪽

1. 물색 (　　　　　)

① 물건의 빛깔 ② 쓸만한 사람이나 물건을 찾음
¶ 아무리 ~해 보아도 제격인 사람을 찾을 수 없었다.

2. 만물 (　　　　　)

만가지 물건, 곧 온갖 사물
¶ 뭐든지 아는 사람을 ~박사라고 한다.

3. 생물 (　　　　　)

살아있는 물체
¶ 동물과 식물을 합쳐서 ~이라 한다.

4. 인물 (　　　　　)

①사람과 물건 ② 뛰어난 사람 ③ 인품 ④ 사람의 얼굴 모습, 용모
¶ 허! 나이 15세에 과거에 급제하다니…. ~이야 ~!

5. 문물 (　　　　　)

문화의 산물
¶ 오늘날 우리의 ·제도가 어찌 한 사람의 힘으로 이루어진 것이겠느냐?

6. 방정 (　　　　　)

① 언행이 바르고 단정함 ② 사물이 네모지고 반듯함
¶ 사람은 항상 ~해야지. 방정맞아서는 안 된다.

7. 방면 (　　　　　)

① 네모난 얼굴 ② 어떤 방향의 지방, 지역 ③ 전문적인 분야
¶ 그 ~은 내가 전문가다.

8. 방도 (　　　　　)

방법
¶ 나으리! 치료할 수 있는 ~를 알려주옵소서.

9. 팔방 (　　　　　)

① 여덟 가지 방위 ② 모든 방면
¶ 사방 ~ 다 찾아다녀도 종적을 찾을 수 없었다.

10. 남방 (　　　　　)

남쪽, 남쪽 지방
¶ 우리나라는 ~계 '새' 문화와 북방계 '용' 문화가 합쳐져 이루어졌다.

11. 백성 (　　　　　)

백 가지 성을 가진 사람. 일반 국민의 예스런 말
¶ ~이 가장 중요하고, 임금이 그 다음으로 중요하며, 사직이 가장 덜 중요합니다.

12. 백년 (　　　　　)

일 년이 백 개
¶ 우리 부부는 ~해로를 굳게 약속했다.

13. 백만 (　　　　　)

일 만이 백 개
¶ ~대군이 쳐들어 온다한들 무엇이 두렵겠느냐?

14. 백초 (　　　　　)

온갖 풀
¶ 온갖 ~를 다 구해 약으로 써보았으나, 효험이 없었다.

15. 부인 (　　　　　)

남의 아내를 높이는 말
¶ ~께서는 안녕하신지.

16. 공부 (　　　　　)

학문을 배움
¶ 나는 지금까지 누구에게도 '~해라' 라는 소리를 들어본 적이 없다.

17. 부정 (　　　　　)

올바르지 못함
¶ ~부패가 만연한 이 사회를 어떻게 살아가야 할 것인가.

♣ **다음 낱말 풀이에 알맞은 한자(漢字)를 쓰시오.**　　▶정답은 162쪽

1. 불평　(　　　　)

마음에 들지 않아 불만스러워함
¶ ~불만만 하지 말고 새로운 방도를 찾아봐!

2. 불안　(　　　　)

편안하지 않음
¶ ~하다 ~하다 말만 하지 말고 편안해질 방도를 찾아봐!

3. 부족　(　　　　)

충분하지 않음
¶ ~한 것과 넘치는 것은 똑같다.

4. 불효　(　　　　)

효도를 하지 않음
¶ 김노인은 한 때의 ~를 평생 가슴에 간직하고 살았다.

5. 사대　(　　　　)

작은 나라가 큰 나라를 섬기는 것
¶ 전통적으로, 주변 국가를 주도하거나 선진인 나라를 인정하고 섬기는 것이 ~이다.

6. 사물　(　　　　)

일과 물건의 총칭
¶ ~을 잘 분별하여 행동하도록 하여라.

7. 사전　(　　　　)

어떤 일을 하기 전
¶ 그런 일이 있었다면 ~에 허락을 구했어야지.

8. 사후　(　　　　)

어떤 일을 하거나 일이 일어난 이후
¶ ~약방문은 소용없는 짓이다.

9. 대사　(　　　　)

큰 중대한 일
¶ ~를 앞두고 이런 작은 일로 다투어서는 안 됩니다.

10. 산수　(　　　　)

기초적인 셈. 더하기·빼기·곱하기·나누기
¶ ~도 못하는 주제에 수학을 하겠대!

11. 산출　(　　　　)

계산을 해서 결과를 냄
¶ 아무리 ~해 보아도 도무지 계산이 맞지 않았다.

12. 산입　(　　　　)

셈을 넣음
¶ ~과 산출이 맞지 않아!

13. 상하　(　　　　)

위와 아래
¶ 우리나라는 ~수도 시설이 잘 갖추어져 있다.

14. 상동　(　　　　)

위와 같음
¶ ~입니다.

15. 상중하　(　　　　)

위와 가운데와 아래
¶ 이번에 『삼국사기』가 ~ 세 권의 책으로 새롭게 발간되었다.

16. 상수도　(　　　　)

음료수나 공업용수 등으로 쓰는 물을 계통적으로 대어 주는 설비로, 하수도의 반대말
¶ 이번 장마로 ~ 시설이 많이 파괴되었다.

17. 해상　(　　　　)

바다 위
¶ ~에는 배 한 척 보이지 않았다.

18. 색지　(　　　　)

색깔이 있는 종이
¶ 내일 이 시간에는 ~를 준비해 오세요.

♣ **다음 낱말 풀이에 알맞은 한자(漢字)를 쓰시오.** ▶정답은 162쪽

1. 정색 (   )

① 얼굴빛을 바르게 함 ② 얼굴에 나타난 엄정한 빛 ③ 간색(間色)이 아닌 순정(純正)한 색
¶ 정 낭자는 ~을 하고 다시 말했다.

2. 백색 (   )

하얀 색
¶ 하얀색, 곧 ~은 우리 민족이 좋아하는 색깔이다.

3. 석식 (   )

저녁에 먹는 밥
¶ 오늘 ~은 불고기 백반이래!

4. 칠석 (   )

음력 7월 7일로 견우와 직녀가 일 년에 한 번 만나는 날
¶ 오는 ~날에 우리는 결혼하기로 했다.

5. 성명 (   )

성씨와 이름
¶ 빌려주기로 했으면 그만이지 ~을 물어 무엇하리!

6. 세간 (   )

이 세상, 세속
¶ 이건 간단한 문제가 아닙니다. ~에는 이런 문제로 생명을 끊는 사람조차 있습니다.

7. 세상 (   )

① 사람이 살고 있는 사회 ② 하늘나라가 아닌 인간의 세계
¶ ~에 맙소사! 어찌 그런 일이….

8. 세사 (   )

세상에서 일어나는 일
¶ ~ 에 시달려도 인생을 즐기며 살자.

9. 만세 (   )

오랜 세월, 영원한 세월
¶ 이 아름다운 일은 ~토록 길이길이 전하리라.

10. 출세 (   )

세상에 나가 입신(立身)하여 유명하고 훌륭하게 되다
¶ ~는 해서 무엇 하리…. 난 이곳에서 편히 살려네.

11. 소년 (   )

아주 어리지도 않고 그렇다고 완전히 성숙하지도 않은 사내 아이
¶ ~, 소녀를 만나다!

12. 소녀 (   )

아주 어리지도 않고 그렇다고 완전히 성숙하지도 않은 여자 아이
¶ 한 ~가 사뿐히 걸어왔다.

13. 소시 (   )

젊은 시절
¶ 지금은 이래두 ~에 글줄이나 읽었습니다.

14. 소유 (   )

가지고 있는 것
¶ 자신의 ~가 아니면 털끝 하나라고 손대지 말아라.

15. 소중 (   )

중요한 것, 귀중한 것
¶ 이 세상에서 가장 ~한 것은 바로 당신입니다.

16. 소출 (   )

논밭에서 나는 곡식
¶ 올해는 ~이 영 신통치 않다.

17. 산소 (   )

무덤의 경칭
¶ 이번 주말에는 할아버지 ~에 성묘나 하러 가야겠다.

♣ **다음 낱말 풀이에 알맞은 한자(漢字)를 쓰시오.** ▶정답은 162쪽

1. 수족　(　　　　　　)

① 손과 발 ② 손과 발처럼 마음대로 부리는 사람
③ 손과 발처럼 중요한 사람
¶ 머리가 나쁘면 ~이 고생한다.

2. 수중　(　　　　　　)

① 손안 ② 자신의 권력이 미치는 범위
¶ 드디어 적이 ~에 들어왔다.

3. 수하　(　　　　　　)

자신의 밑에 있는 사람, 부하. 또는 촌수가 아래인 사람
¶ 동생은 형보다 ~가 된다.

4. 수공　(　　　　　　)

손으로 하는 공예
¶ 이 귀걸이는 ~ 제품이라 값이 비싸다.

5. 수화　(　　　　　　)

손으로 하는 말
¶ 너무 시끄러워서 할 수 없이 ~로 의사소통을 했다.

6. 수일　(　　　　　　)

몇 일
¶ 약효가 나려면 적어도 ~은 기다려야 합니다.

7. 숫자　(　　　　　　)

수를 나타내는 글자
¶ ~에 밝다.

8. 수년　(　　　　　　)

몇 년
¶ 앞으로 ~ 내에 좋은 일이 있을 것입니다.

9. 수학　(　　　　　　)

숫자에 관계된 학문
¶ 산수도 못하고 ~도 못하고 어떻하니 너는….

10. 수천만　(　　　　　　)

매우 많은 수를 말함
¶ 이번 가뭄으로 ~명이 배고픔에 허덕이고 있다.

11. 촌수　(　　　　　　)

친척의 멀고 가까운 정도를 나타내는 수
¶ ~도 못 따지면서 무얼 하겠다는 거야!

12. 시장　(　　　　　　)

물건을 사고파는 곳
¶ 어머니와 ~에서 고등어 한 마리를 샀다.

13. 시장　(　　　　　　)

도시의 우두머리
¶ 다음 ~ 선거에 출마할 예정입니다.

14. 시내　(　　　　　　)

시의 구역 안
¶ ~에 갔다 올 일이 있어.

15. 시민　(　　　　　　)

시에 사는 국민
¶ 도(道)에 살면 도민(道民), 시(市)에 살면 ~.

16. 시도읍면　(　　　　　　)

행정구역의 단위로 시와 도와 읍과 면
¶ 주소를 ~까지 정확하게 써 주세요.

17. 시간　(　　　　　　)

어떤 시각과 시각의 사이
¶ 지선아 ~의 소중함을 알아야 하느니라.

18. 시일　(　　　　　　)

날짜, 때
¶ ~이 너무 짧습니다. 기간을 연장시켜 주십시오.

19. 생시　(　　　　　　)

① 태어난 시간 ② 살아 있는 동안
¶ 이것이 꿈이냐? ~냐?

♣ 다음 낱말 풀이에 알맞은 한자(漢字)를 쓰시오.　　　▶정답은 162쪽

1. 사시 （　　　　　）

봄·여름·가을·겨울의 네 계절
¶ ~ 사철 항상 아름다운 우리의 하늘

2. 일시 （　　　　　）

① 한 때 ② 동시, 같은 때
¶ ~적인 충동.

3. 식구 （　　　　　）

밥을 먹는 사람의 입으로 함께 사는 가족 수를 뜻함
¶ 어제 내 동생이 태어나, ~가 한명 더 늘었다.

4. 식수 （　　　　　）

마시는 물
¶ 압록강 이북의 물은 수질이 나빠서 ~로 사용할 수 없다.

5. 식사 （　　　　　）

먹는 일
¶ 다 먹고 살자고 하는 일인데, ~나 하고 합시다.

6. 식전 （　　　　　）

먹기 전
¶ 잊지 말고 ~에 꼭 드세요.

7. 식후 （　　　　　）

먹은 후
¶ 이 파란 약은 ~ 30분 후에 드세요.

8. 식자 （　　　　　）

인쇄를 하기 위해 활자를 활판에 배열하는 일, 조판
¶ 컴퓨터 조판이 발달함에 따라 ~하는 모습을 거의 볼 수 없게 되었다.

9. 식물 （　　　　　）

한 군데 심어져 살아가는 생물. 생물 중 동물을 제외한 것
¶ 동물뿐 아니라 ~도 마음이 있다.

10. 식목일 （　　　　　）

나무를 심는 날로 양력 4월 5일
¶ ~은 이제 나무를 심는 날에서 나무를 가꾸는 날로 바뀌어 가고 있다.

11. 식민지 （　　　　　）

본국 외에 있는 본국의 통치를 받는 지역
¶ 과거 다른 민족의 땅을 ~로 삼았던 나라들에게 반드시 식민지의 고통을 경험하게 해 주어야 합니다.

12. 심지 （　　　　　）

마음의 본 바탕
¶ 내가 사람은 잘 봤다. 저 친구 정말 ~가 대단해.

13. 심산 （　　　　　）

마음 속 계산, 속셈
¶ 어찌된 ~인지, 저 늙구렁이의 속은 통 알 수가 없었다.

14. 심기 （　　　　　）

마음으로 느끼는 기분
¶ 선생님의 안색을 보니 어쩐지 ~가 불편하신 듯합니다.

15. 민심 （　　　　　）

백성·국민들의 마음
¶ 자고로 ~은 천심(天心)이라 했느니라.

16. 중심 （　　　　　）

① 한가운데가 되는 곳 ② 가장 중요한 곳
¶ ~을 확고하게 잡아 결코 흔들려서는 안 된다.

17. 안전 （　　　　　）

편안하고 온전함, 위험이 없음
¶ 미군의 공습이 시작되자 불쌍한 난민들은 더 이상 ~한 곳을 찾을 수 없었다.

147

♣ 다음 낱말 풀이에 알맞은 한자(漢字)를 쓰시오.   ▶정답은 162쪽

1. 안심 (   )

마음을 편안히 함
¶ ~하기는 아직 일러. 미군은 다시 올 거야!

2. 안주 (   )

편안히 한 곳에 머무름
¶ 편안히 ~하느냐, 어렵더라도 앞으로 나아갈 것이냐.

3. 불안 (   )

편안하지 않음
¶ 연이은 미군의 폭격으로 난민들은 ~한 나날을 보내고 있었다.

4. 안동 (   )

지명. 경상북도에 있음
¶ 도산서원은 ~에 있다.

5. 어기 (   )

말하는 기세
¶ 그 사람은 ~가 분명해.

6. 어문 (   )

말과 글
¶ 서구 외래어에 의해 민족의 ~이 훼손되고 있다.

7. 어학 (   )

① 언어를 연구하는 학문 ② 외국어를 배우는 일
¶ ~을 잘하는 것이 능사가 아니다. 어학은 하나의 수단이다.

8. 연후 (   )

그러한 후
¶ 그런 ~에 다시 만나서 얘기합시다.

9. 자연 (   )

누가 시키지 않아도 스스로 그러한 것. 저절로 그러한 것
¶ 사람은 ~보호.

10. 천연 (   )

아무 꾸밈이 없이 자연적인 것
¶ ~ 그대로의 대자연의 모습을 간직하고 있었다.

11. 오전 (   )

정오(낮 12시) 이전. 상오
¶ ~ 10시 시청 역에서 만납시다.

12. 오후 (   )

정오(낮 12시) 이후. 하오
¶ 싫어요. ~ 1시에 종각에서 만나요.

13. 상오 (   )

밤 0시부터 낮 12시 이전. 오전
¶ 싫어. ~ 1시가 좋아.

14. 정오 (   )

낮의 열두 시
¶ ~를 알리다.

15. 하오 (   )

낮 12시부터 밤12까지. 오후
¶ 상오를 지나 ~ 2시에 만나자.

16. 우수 (   )

오른쪽 손 곧 오른손
¶ 형가라는 좌수로 진왕의 소매를 잡고 ~에는 단도를 들고 힘껏 찔렀다.

17. 좌편 (   )

왼쪽 편, 곧 왼쪽
¶ ~으로 돌아 100미터 정도 가십시오.

18. 유색 (   )

색깔이 있는 것. 무색(無色)의 반대말
¶ 미국은 ~인종에 대한 차별정책을 철회해야만 한다.

♣ 다음 낱말 풀이에 알맞은 한자(漢字)를 쓰시오.   ▶정답은 162쪽

1. 유력 (   )

힘이 있음
¶ ~한 증언.

2. 유명 (   )

이름이 널리 알려진 것
¶ 난 이 다음에 커서 ~한 배우가 되고 싶어요.

3. 국유지 (   )

국가에서 소유한 땅
¶ 조선시대까지만 해도 산은 대부분 ~였으며, 일반 백성들이 소유한 예는 거의 없었다.

4. 육림 (   )

삼림을 기르고 가꿈
¶ 나무를 심는 것도 중요하지만, 기르고 가꾸는 ~ 정책이 더욱 중요한 시점이 되었다.

5. 생육 (   )

낳아서 기름
¶ 인큐베이터 안은 아기가 ~하기에 적당한 환경으로 맞추어져 있다.

6. 교육 (   )

가르쳐 기름
¶ 백성을 부유하게 한 다음에는 이들을 ~시켜 올바른 도리를 가르쳐야만 한다.

7. 읍장 (   )

읍의 우두머리
¶ ~을 굳이 선거로 뽑아야만 할까요?

8. 읍내 (   )

읍의 안
¶ 난 더 이상 창피해서 못살아! ~에 소문이 쫙 다 퍼졌어! 어쩔 거야?

9. 읍촌 (   )

① 읍과 촌 ② 읍에 속한 촌
¶ 이번 병충해를 막기 위해 ~에 대한 행정지도를 강화해야 합니다.

10. 읍면동 (   )

행정구역의 단위 읍과 면과 동
¶ ~까지 정확하게 기재해 주세요.

11. 소읍 (   )

작은 읍, 작은 고을
¶ 내가 태어난 마을은 그야말로 조그마한 ~이었다.

12. 입학 (   )

학교에 들어감
¶ 얏 호! 우리 아들이 드디어 ~을 한단 말이지!

13. 입실 (   )

방에 들어감
¶ 회장님께서 기다리고 계십니다. ~하셔도 좋습니다.

14. 입국 (   )

나라에 들어감
¶ 자유주의 국가라는 미국은 아무나 ~할 수 있는 나라가 아니었다.

15. 입구 (   )

들어가는 구멍
¶ ~가 있으면 출구도 있는 법!

16. 입금 (   )

돈을 은행 등에 맡김
¶ 김기사는 회사에 ~시키고 나니 남는 돈이 없었다.

17. 자녀 (   )

아들과 딸, 자식
¶ ~의 사람 교육은 집에서부터 이루어진다.

18. 자제 (   )

남의 아들의 존칭
¶ ~분이 장성하셨습니다 그려.

♣ **다음 낱말 풀이에 알맞은 한자(漢字)를 쓰시오.**　　　▶정답은 162쪽

1. 자정　(　　　　　　)
자시(子時) 정각(正刻), 곧 밤 12시
¶ ~이 지났지만 아내는 돌아오지 않았다.

2. 천자　(　　　　　　)
하느님을 대신해 세상을 다스리는 사람. 황제
¶ 남자가 이 세상에 태어났으면 ~ 한 번은 해 보아야지!

3. 왕자　(　　　　　　)
왕의 아들
¶ 나는 이 나라의 ~다. 이 나라와 운명을 함께 할 것이다.

4. 제자　(　　　　　　)
스승의 가르침을 받는 사람
¶ 스승과 ~.

5. 자모　(　　　　　　)
자음과 모음
¶ ~도 구별 못하니?

6. 정자　(　　　　　　)
① 똑똑하고 바른 글자 ② 한자에서 간자나 약자가 아닌 본래의 글자
¶ 이력서를 쓸 때에는 ~로 또박또박 써야 한다.

7. 십자　(　　　　　　)
한자의 '十' 모양의 글자
¶ 예수는 ~가에 못 박혀 죽었다고 전해진다.

8. 팔자　(　　　　　　)
사람의 한평생의 운수
¶ ~에 없는 고생을 하고 있다.

9. 자문자답　(　　　　　　)
스스로 묻고 스스로 답함
¶ 그 일에 대해서는 네 스스로 ~ 해 보아라.

10. 자립　(　　　　　　)
누구의 도움도 없이 스스로 섬
¶ 나이 30이 되었으면 ~해 혼자 살 수 있어야 한다.

11. 자백　(　　　　　　)
스스로 사정을 말함
¶ 어서 ~해. 다 알고 있어.

12. 자생　(　　　　　　)
스스로 자라남
¶ 이 풀은 ~력이 매우 뛰어납니다.

13. 자중　(　　　　　　)
스스로의 몸을 소중히 하여 함부로 움직이지 않음
¶ 아버님 ~하시지요. 남들이 다 보고 있습니다.

14. 장소　(　　　　　　)
어떤 일을 하는 곳
¶ 모임 날짜는 알겠는데 ~는 모르겠네.

15. 장면　(　　　　　　)
어떤 장소에서 겉으로 드러난 광경
¶ 하하하! 정말 혼자 보기 아까운 ~이로구나!

16. 장외　(　　　　　　)
장소의 바깥
¶ 김은 그를 힘껏 배지기로 넘겼으나 ~가 선언되고 말았다.

17. 교장　(　　　　　　)
교육하는 장소
¶ 제군들! 이 ~에 온 것을 환영한다.

18. 전면　(　　　　　　)
모든 면, 모든 방면
¶ 수세에 몰려 있던 쥐가 고양이를 ~적으로 공격하는 모습이 TV로 방영됐다.

♣ 다음 낱말 풀이에 알맞은 한자(漢字)를 쓰시오. ▶정답은 162쪽

1. 전국 (　　　　　)

온 나라
¶ ~ 방방곳곳에서 구름같이 몰려들었다.

2. 전군 (　　　　　)

모든 군대
¶ 일본이 동해를 침범하자, 남북한은 ~에 비상 경계령을 내렸다.

3. 전력 (　　　　　)

모든 힘
¶ ~을 다해 힘껏 달렸지만, 미희와의 간격은 점점 멀어지고 있었다.

4. 만전 (　　　　　)

매우 안전함
¶ 외침에 대비해 ~을 기해야 한다.

5. 전후 (　　　　　)

① 앞과 뒤 ② 처음과 마지막 ③ ~할 쯤·경·때
¶ 길을 건널 때는 ~좌우를 잘 살피고 건너야 한다

6. 전면 (　　　　　)

앞쪽
¶ ~에서 적의 전투기가 공격해 오고 있었다.

7. 생전 (　　　　　)

살아 있는 동안, 죽기 전
¶ 살아 ~에 다시 한 번 만날 수만 있다면, 여한이 없겠다.

8. 전기 (　　　　　)

전자의 이동으로 생기는 에너지의 형태
¶ 이 자전거는 ~로도 갈 수 있습니다.

9. 전력 (　　　　　)

전류에 의한 동력(動力)
¶ 여름철 냉방으로 인해 ~ 수급에 비상이 걸렸다.

10. 전차 (　　　　　)

전기로 움직이는 차
¶ 우리나라는 아시아에서 처음으로 ~를 운행했던 나라이다.

11. 전화 (　　　　　)

① 전화기 ② 전화기로 말을 함
¶ 보고 싶으면 ~해! 알았지?

12. 전동차 (　　　　　)

전기의 힘을 이용하여 움직이는 차
¶ 이번 ~는 을지로 순환선입니다.

13. 정문 (　　　　　)

정면의 문
¶ 고궁에는 ~으로 들어가지 않는 법이다.

14. 정월 (　　　　　)

그 해의 첫 째 달, 1월
¶ ~ 초하루부터 이 무슨 해괴망측한 짓이냐!

15. 정도 (　　　　　)

바른 길, 바른 도리
¶ ~가 아니면 가지 말아야 한다.

16. 정직 (　　　　　)

바르고 곧음
¶ ~한 사람이 잘 살 수 있는 나라, 그런 나라를 만들고 싶습니다.

17. 부정 (　　　　　)

바르지 못함
¶ ~한 사람들이 발을 붙일 수 없는 나라, 그런 나라를 만들어야 합니다.

18. 조국 (　　　　　)

조상 때부터 살아온 나라
¶ 조선족들은 자신의 ~은 조선이지만, 엄연히 따지면 그들은 중국인이다.

♣ 다음 낱말 풀이에 알맞은 한자(漢字)를 쓰시오.　　　　▶정답은 163쪽

1. 조부　(　　　　　)

할아버지
¶ ~께옵선 어찌 되셨는지?

2. 조모　(　　　　　)

할머니
¶ ~께서는 무어라 하시던가?

3. 조상　(　　　　　)

돌아가신 어버이 위로의 대대로의 어른
¶ ~님이 보고 계신다. 부끄럽지도 않느냐?

4. 선조　(　　　　　)

먼 대의 조상
¶ 우리 ~엔 이런 사람이 없었다. 이 사람은 더 이상 내 남편도 네 아비도 아니니라!

5. 족하　(　　　　　)

편지 받는 사람의 이름 밑에 쓰는 존칭어
¶ ~께서는 삼가 이 글을 펼쳐 보십시오.

6. 자족　(　　　　　)

스스로 만족해 함
¶ 사람은 분수를 알고 ~할 줄 알아야 하느니라.

7. 좌우　(　　　　　)

① 왼쪽과 오른쪽 ② 그 주변
¶ 길 건널 때는 ~를 잘 살펴라.

8. 좌우간　(　　　　　)

이렇든 저렇든 간에
¶ ~ 이번 일은 꼭 이루도록 정성을 다 하겠다.

9. 좌수　(　　　　　)

왼쪽 손, 곧 왼손
¶ ~로 막고, 우수로 내지르시오.

10. 좌편　(　　　　　)

왼쪽 편, 곧 왼편
¶ ~ 아래 서랍을 찾아봐.

11. 주인　(　　　　　)

① 한 집안의 주장이 되는 사람 ② 물건의 임자 ③ 손님을 대하는 사람
¶ ~ 어른 계신가?

12. 주어　(　　　　　)

한 문장의 주체가 되는 말
¶ 우리말에서 ~는 종종 생략된다.

13. 주식　(　　　　　)

주로 먹는 음식
¶ 그만 좀 먹어라! 너는 피자가 ~이니?

14. 주상　(　　　　　)

임금님
¶ ~ 전하 납시오.

15. 자주　(　　　　　)

남의 간섭 없이, 스스로 주체가 되어 행동함
¶ ~국방 없는 독립국이란 있을 수 없다.

16. 주민　(　　　　　)

어떤 지역에 사는 사람
¶ ~들의 의견을 모아보았습니다.

17. 주소　(　　　　　)

머물러 사는 곳의 번지
¶ 하도 이사를 다녀서 ~가 뭔지도 모르겠다.

18. 중대　(　　　　　)

중요하고 큰 일
¶ 난 또 무슨 ~한 일이라도 있는 줄 알았지.

19. 중대사　(　　　　　)

중요한 일
¶ 각별히 조심하여 이번 ~를 한 치의 실수도 없이 치루어야 한다.

♣ 다음 낱말 풀이에 알맞은 한자(漢字)를 쓰시오.　　　▶정답은 163쪽

1. 중력 (　　　　　)
지구 위의 물체가 지구 중심으로 향하게 하는 만유인력과, 지구의 자전에 의한 원심력을 합한 인력
¶ 점차 커지는 ~ 때문에 우주선은 더 이상 나아갈 수 없었다.

2. 이중 (　　　　　)
두 가지가 겹쳐져 있는 것
¶ ~ 삼중보완 장치를 해 놓았으나 허사였다.

3. 삼중 (　　　　　)
세 가지가 겹쳐져 있는 것
¶ ~으로 적을 포위했다.

4. 지하 (　　　　　)
땅의 아래, 땅속
¶ ~에도 생물이 살고 있다.

5. 지하실 (　　　　　)
땅 아래에 있는 방, 지하에 있는 방
¶ 밤만 되면 ~에서 이상한 소리가 들렸다.

6. 지주 (　　　　　)
땅의 임자
¶ ~와 소작농의 갈등이 점차 커지고 있었다.

7. 지방 (　　　　　)
① 어느 한 방면의 땅 ② 서울 밖의 시골
¶ ~색을 버려라 하지만, 정작 어떻게 버릴 것인가에 대해서는 아마 말이 없다.

8. 지명 (　　　　　)
땅 이름
¶ 난 ~에 대해서는 모르는 것이 없다.

9. 지면 (　　　　　)
① 종이의 표면 ② 신문·잡지 등의 기사를 싣는 면
¶ ~ 한 가득 내 얼굴이 찍혀 나왔다.

10. 지상 (　　　　　)
① 종이 위 ② 신문·잡지 등의 기사를 싣는 면
¶ 요즘 ~에 테러의 찬반에 대한 열띤 토론이 이루어지고 있다.

11. 한지 (　　　　　)
닥나무 등의 섬유를 원료로 만든, 우리나라 고유의 종이
¶ ~의 우수함이 전 세계적으로 인정받고 있다.

12. 백지 (　　　　　)
하얀 종이
¶ 상 위에 정성껏 ~를 펼쳐 놓았다.

13. 촌지 (　　　　　)
짧은 편지
¶ 그냥 가기가 뭐해, ~ 하나를 적어놓고 왔다.

14. 직후 (　　　　　)
곧바로
¶ 수업이 끝나는 ~, 곧바로 뛰어 나갔다.

15. 직면 (　　　　　)
어떤 사물 또는 일을 피하지 않고 직접 대면함
¶ 그는 드디어 위기에 ~했다.

16. 직전 (　　　　　)
일이 생기기 바로 전
¶ 자동차 두 대가 충돌하기 ~, 아슬아슬하게 비켜 나갔다.

17. 직립 (　　　　　)
똑바로 섬
¶ 인류는 ~보행을 함으로써 두 손이 자유로워질 수 있었다.

18. 치천금 (　　　　　)
천금의 가치를 지님, 곧 돈으로 따져도 많은 가치가 있음.
¶ 짧은 시간도 그 활용에 따라 ~의 값어치가 있다.

♣ **다음 낱말 풀이에 알맞은 한자(漢字)를 쓰시오.** ▶정답은 163쪽

1. 산천 (   )

① 산과 시내 ② 자연
¶ 저 푸르른 ~을 보라! 생명의 향기를 느껴라!

2. 천금 (   )

많은 돈
¶ 무릇 전쟁을 하려면 하루에 ~의 돈이 있어야 한다.

3. 천만년 (   )

천년만년의 오랜 세월
¶ ~을 하루같이 당신을 기다렸습니다.

4. 천자문 (   )

천 개의 서로 다른 글자로 이루어진, 아동용 한자 교육 책명
¶ ~은 네 글자씩 이루어진 운문 형식의 책이다.

5. 중천금 (   )

무게가 천금과 같다는 의미로 매우 귀중한 것을 말함
¶ 남아의 한 마디 말은 ~이라 했습니다.

6. 천지 (   )

① 하늘과 땅 ② 이 세상
¶ ~간에 나처럼 멋진 사람이 다시 있을까 보냐!

7. 천명 (   )

① 하늘의 명령 ② 인간의 타고난 수명
¶ 나이 오십이면 ~을 알아야 한다고 했다.

8. 천국 (   )

하늘나라, 죽어서나 가는 나라, 곧 이상세계
¶ 죽어서 ~에 갈 것이 아니라, 우리가 사는 이 땅을 ~으로 만들어야만 합니다.

9. 천상천하 (   )

하늘 위와 하늘 아래, 곧 우주의 사이
¶ ~에 오직 나 홀로 존재하느니라.

10. 청천 (   )

푸른 하늘
¶ ~벽력같은 소리.

11. 초목 (   )

풀과 나무
¶ 흉년이 들어 ~으로 연명하려 해도 할 수 없었다.

12. 초식 (   )

풀을 먹음
¶ ~ 동물인 소에게 육류를 가공해 사료로 먹이니, 광우병 같은 병이 생기는 겁니다.

13. 초가삼간 (   )

세 칸짜리 초가집
¶ 당신하고 나하고 ~ 짓고 천년만년 살고 지고.

14. 수초 (   )

물에서 자라는 풀
¶ 파아란 ~ 사이로 아기 오리들이 헤엄쳐 오고 있었다.

15. 해초 (   )

바다에서 자라는 풀
¶ ~를 따 말려서 팔아, 생계를 이었다.

16. 촌가 (   )

시골에 있는 집
¶ 이런 ~에 왕림하시다니 영광이로소이다.

17. 촌장 (   )

마을의 우두머리
¶ 이 마을의 ~님은 누구시오?

18. 촌민 (   )

시골에 사는 백성, 시골 사람
¶ 저는 아무 것도 모릅니다요. 그저 무식한 ~에 불과합니다.

♣ **다음 낱말 풀이에 알맞은 한자(漢字)를 쓰시오.**　　▶정답은 163쪽

1. 촌로　(　　　　　　)

시골에 있는 늙은이
¶ 이런 ~에게 어찌 대인께서 머리를 숙이십니까?

2. 남촌　(　　　　　　)

남쪽에 있는 마을
¶ 산 넘어 ~에는 누가 살길래 해마다 봄소식을 전해오는가?

3. 산촌　(　　　　　　)

산 속에 있는 마을
¶ 서너 시간을 헤맨 후에 깊은 산골짜기의 ~에 도착하였다.

4. 추석　(　　　　　　)

명절의 하나, 음력 8월 15일 대보름
¶ 올 ~에 고향을 찾은 이동인구는 이천만 명을 넘었다고 한다.

5. 추구월　(　　　　　　)

가을 9월
¶ 때는 ~, 울긋불긋 낙엽이 물드는 시절이렷다!

6. 춘추　(　　　　　　)

① 봄과 가을 ② 어른의 나이
¶ 어르신의 올해 ~는 어찌 되시는지요?

7. 춘색　(　　　　　　)

봄빛, 봄의 아름다운 빛
¶ 바야흐로 ~이 완연한 봄이었다.

8. 춘하추동　(　　　　　　)

봄·여름·가을·겨울
¶ ~ 사시사철 즐겁지 아니한 때가 없도다!

9. 청춘　(　　　　　　)

① 새싹이 돋는 푸른 봄 ② 젊은 나이
¶ ~을 돌려다오.

10. 출입구　(　　　　　　)

출구와 입구, 들어오고 나갈 수 있는 입구
¶ ~를 그렇게 만들면 출입하기에 불편해요.

11. 출생　(　　　　　　)

태어남
¶ 그는 자신의 ~의 비밀을 모르고 있었다.

12. 출국　(　　　　　　)

나라를 떠나감
¶ 이번에 ~하면 언제 다시 만날 수 있을지 알 수 없었다.

13. 출토　(　　　　　　)

고대의 유물이나 유적이 땅속에서 나옴
¶ 오늘 오후, 백제의 고도 한성에서 역사적 가치가 있는 유물들이 ~되었습니다.

14. 출입문　(　　　　　　)

출입하는 문
¶ 너는 · 놔두고 왜 담너머 들어오니?

15. 편안　(　　　　　　)

거북하지 않고 어려움이 없음
¶ 가내 두루 ~하신지?

16. 변소　(　　　　　　)

대소변을 보는 곳
¶ 변을 보는 곳은 ~, 그럼 화장하는 곳은?

17. 편지　(　　　　　　)

소식을 전하려고 보내는 글
¶ 전화의 발달로 ~ 보내는 횟수가 줄어들었지만, 인터넷의 발달로 다시 편지 보내기가 활성화되고 있다.

18. 소변　(　　　　　　)

작은 변, 곧 오줌
¶ ~을 보기 전후에 꼭 물을 내리시오.

♣ **다음 낱말 풀이에 알맞은 한자(漢字)를 쓰시오.** ▶정답은 163쪽

1. 평민 (　　　　　)

귀족이 아닌 일반 백성
¶ 귀족의 신분에서 ~의 신분으로 강등되었다.

2. 평생 (　　　　　)

살아가는 동안
¶ 오래 살고 볼 일이야. ~ 이런 광경은 처음이야.

3. 평면 (　　　　　)

울퉁불퉁하지 않고 평평한 면
¶ 완전 ~ 브라운관 드디어 출시!

4. 평안 (　　　　　)

편안함. 특별한 일이 없이 무사함
¶ 그래그래 이 정도면 ~하다 할만 하지!

5. 평지 (　　　　　)

평평한 땅
¶ 거친 산을 뛰어다니다가 ~을 뛰니 날아갈 듯했다.

6. 하산 (　　　　　)

산을 내려감
¶ 더 이상 가르칠 게 없도다. 이제 ~하거라.

7. 하기 (　　　　　)

깃발을 내림
¶ 김 중위는 울먹이며 큰 소리로 외쳤다. ~하라. ~하라.

8. 하차 (　　　　　)

차에서 내림
¶ 버스에서 ~할 때는 오토바이를 조심해야 한다.

9. 하교 (　　　　　)

학교에서 수업을 마치고 집으로 돌아감
¶ ~길에 이 편지 좀 부쳐줄래?

10. 하교 (　　　　　)

윗사람이 아랫사람에게 가르치어 보임
¶ ~를 내려주소서. 반드시 수행하겠나이다.

11. 하일 (　　　　　)

여름날
¶ 춘일은 봄날, ~은 여름날.

12. 하동 (　　　　　)

여름과 겨울
¶ 춘추는 밤낮이 점점 짧아지고 ~은 밤낮이 점차 길어진다.

13. 한자 (　　　　　)

중국의 한족이 발전시킨 글자
¶ 한·중·일 세 나라에서 사용하는 ~는 조금씩 그 나라에 맞추어 발전되었다.

14. 한문 (　　　　　)

한자로 쓴 글
¶ ~을 모르면 우리말을 정확하게 구사할 수 없다.

15. 한강 (　　　　　)

우리나라 서울을 가로질러 황해로 흘러 들어가는 강.
¶ ~에 돌 던지기. 수도관이 터져 ~이 되었네.

16. 문외한 (　　　　　)

그 일에 전문가가 아닌 사람
¶ 저는 이 분야에는 ~입니다. 아무쪼록 잘 부탁드립니다.

17. 해군 (　　　　　)

바다에서 싸우는 군대
¶ 예로부터 우리 민족의 ~력은 세계 최강이었다.

18. 해수 (　　　　　)

바닷물
¶ 짠 ~가 강을 거슬러 올라오자, 민물고기들은 어쩔 줄 몰랐다.

♣ 다음 낱말 풀이에 알맞은 한자(漢字)를 쓰시오.   ▶정답은 163쪽

1. 해녀 (   )

바다에서 해삼·전복 등 해산물을 따는 것을 직업으로 삼는 여자
¶ 어떤 ~는 5분이나 숨을 참고 잠수할 수 있다고 한다.

2. 해외 (   )

바다 밖, 곧 외국
¶ ~ 이주를 희망하는 젊은이들이 나날이 늘고 있다.

3. 대해 (   )

큰 바다
¶ 장보고는 ~을 바라보며 포부를 키웠다.

4. 화초 (   )

① 꽃이 피는 풀과 나무 ② 관상용의 모든 식물
¶ 이 ~는 세심하게 가꾸어야 합니다.

5. 국화 (   )

나라의 상징인 꽃
¶ 우리나라는 예부터 무궁화의 나라라고 불려왔다. 그래서 ~도 무궁화이다.

6. 목화 (   )

무궁화과의 식물 이름으로, 그 꽃인 면화는 피륙이나 실의 원료가 됨
¶ 문익점은 ~씨를 붓 뚜껑에 숨겨 몰래 들여왔다.

7. 백화 (   )

하얀 꽃
¶ 저 ~ 한 송이만 주세요.

8. 산유화 (   )

메나리의 한 종류로 꽃의 이름
¶ 영심이는 ~를 바라보며 기쁨의 눈물을 삼켰다.

9. 수화 (   )

손으로 하는 말
¶ 간단한 ~ 정도는 배워두어야 한다.

10. 활동 (   )

① 기운차게 움직이는 것 ② 어떤 일을 하기 위해 움직임
¶ 저팔계는 봉사~에 여념이 없었다.

11. 활력 (   )

살아 움직이는 힘
¶ 운동은 수명을 연장시켜주지는 않지만 ~있게 살 수 있도록 도와준다.

12. 활기 (   )

활발한 기운
¶ 자 우리 오늘 하루도 ~차게 삽시다!

13. 생활 (   )

① 생명을 가지고 살아서 활동함 ② 어떤 조직체의 일원이 되어 일을 함
¶ 태일이는 열심히 일했지만, 도저히 ~이 되지 않았다.

14. 활화산 (   )

현재 화산 활동을 하고 있는 산
¶ 저 산은 ~이야. 늘 조심해야 해.

15. 효도 (   )

효행의 도리
¶ 우리나라는 예로부터 부모에 대한 ~로 유명하다.

16. 효녀 (   )

효도하는 딸
¶ 우리나라 역사책에 나오는 '지은'은 예로부터 ~의 대명사로 일컬어져 왔다.

17. 효자 (   )

효도하는 아들, 또는 효도하는 자식
¶ 이 마을은 예로부터 ~·효녀가 많은 것으로 이름이 높다.

157

♣ **다음 낱말 풀이에 알맞은 한자(漢字)를 쓰시오.** ▶정답은 163쪽

1. 효심 (　　　　　)

효도하려는 마음
¶ 한 겨울에도 죽순을 구하러 다니다니…. ~이 정말 지극하구나!

2. 후식 (　　　　　)

밥을 먹은 뒤에 먹는 음식
¶ ~은 아이스크림으로 주세요.

3. 후문 (　　　　　)

뒤에 있는 문
¶ ~에서 6시에 만나자.

4. 후세 (　　　　　)

나중에 올 세상
¶ ~에 길이길이 이름이 남을 것입니다.

5. 후학 (　　　　　)

나중에 배우는 사람
¶ ~이 어찌 선배보다 못하다고 할 수 있겠는가?

6. 선후 (　　　　　)

① 먼저와 나중
¶ ~ 순서를 잘 잡아서 일을 처리해야 한다.

7. 휴일 (　　　　　)

쉬는 날
¶ ~도 쉬지 못하고 일할 수밖에 없었다.

8. 휴교 (　　　　　)

학교의 과업을 쉼
¶ 정부는 전국적으로 ~ 조치를 내렸다.

9. 휴학 (　　　　　)

학업을 쉼
¶ IMF 이후로 ~하는 대학생들이 늘고 있다.

10. 휴지 (　　　　　)

① 못 쓰게 된 종이 ② 화장지
¶ 거액의 채권이 ~로 변하고 말았다.

11. 휴화산 (　　　　　)

현재 화산 활동을 하지 않는 산
¶ 저 산은 벌써 300년 째 활동을 멈춘 ~이다.

【정답】 - 한자어 독음 쓰기

▶ 124쪽

1. 가구　2. 가내　3. 가장　4. 가문　5. 가사
6. 가수　7. 교가　8. 군가　9. 간간　10. 간식
11. 간색　12. 강산　13. 강남　14. 강북　15. 강촌
16. 차내　17. 차도　18. 화차　19. 인력거　20. 공부
21. 공장　22. 공학　23. 공간　24. 공군　25. 공중
26. 공백　27. 공기　28. 구어　29. 인구　30. 출입구
31. 기사　32. 기입　33. 수기　34. 기력　35. 기색
36. 기수

▶ 125쪽

1. 백기　2. 교기　3. 남녀　4. 남자　5. 남학생
6. 남남북녀　7. 내외　8. 내실　9. 내심　10. 내면
11. 나인 / 내인　12. 농촌　13. 농림　14. 농부　15. 농사
16. 농장　17. 농지　18. 정답　19. 도장　20. 도가
21. 도인　22. 정도　23. 동천　24. 삼동　25. 동문
26. 동기　27. 동색　28. 동생　29. 동수　30. 동구
31. 동리　32. 동민　33. 동장　34. 동내　35. 동물
36. 동식물

▶ 126쪽

1. 부동　2. 출동　3. 자동차　4. 등산　5. 등교
6. 등기　7. 등장　8. 내일　9. 내년　10. 내세
11. 내한　12. 역도　13. 수력　14. 화력　15. 역부족
16. 노인　17. 노소　18. 노년　19. 노후　20. 노부모
21. 이장　22. 십리　23. 수천리　24. 수만리　25. 산림
26. 국유림　27. 입춘　28. 입하　29. 입추　30. 입동
31. 입장　32. 매일　33. 매월　34. 매년　35. 매사
36. 매시

▶ 127쪽

1. 면상　2. 면장　3. 면전　4. 해면　5. 명산
6. 명문　7. 명수　8. 명답　9. 명물　10. 명가
11. 명명　12. 명중　13. 문자　14. 문학　15. 문교
16. 천문　17. 문답　18. 문안　19. 물색　20. 만물
21. 생물　22. 인물　23. 문물　24. 방정　25. 방면
26. 방도　27. 팔방　28. 남방　29. 백성　30. 백년
31. 백만　32. 백초　33. 부인　34. 공부　35. 부정
36. 불평

▶ 128쪽

1. 불안　2. 부족　3. 불효　4. 사대　5. 사물
6. 사전　7. 사후　8. 대사　9. 산수　10. 산출
11. 산입　12. 상하　13. 상동　14. 상중하　15. 상수도
16. 해상　17. 색지　18. 정색　19. 백색　20. 석식
21. 칠석　22. 성명　23. 세간　24. 세상　25. 세사
26. 만세　27. 출세　28. 소년　29. 소녀　30. 소시
31. 소유　32. 소중　33. 소출　34. 산소　35. 수족
36. 수중

▶ 129쪽

1. 수하　2. 수공　3. 수화　4. 숫자　5. 수년
6. 수학　7. 수천만　8. 촌수　9. 시장　10. 시장
11. 시내　12. 시민　13. 시도읍면　14. 시간　15. 시일
16. 생시　17. 사시　18. 일시　19. 식구　20. 식수
21. 식사　22. 식전　23. 식후　24. 식자　25. 식물
26. 식목일　27. 식민지　28. 심지　29. 심산　30. 심기
31. 민심　32. 중심　33. 안전　34. 안심　35. 안주
36. 불안

► 130쪽

1.안동 2.어기 3.어문 4.어학 5.연후
6.자연 7.천연 8.오전 9.오후 10.상오
11.정오 12.하오 13.우서 14.우편 15.유색
16.유력 17.유명 18.국유지 19.육림 20.생육
21.교육 22.읍장 23.읍내 24.읍촌 25.읍면동
26.소읍 27.입학 28.입실 29.입국 30.입구
31.입금 32.자녀 33.자정 34.천자 35.왕자
36.제자

► 131쪽

1.자모 2.정자 3.십자 4.팔자 5.자문자답
6.자립 7.자백 8.자생 9.자중 10.장소
11.장면 12.장외 13.교장 14.전면 15.전국
16.전군 17.전력 18.만전 19.전후 20.전면
21.생전 22.전기 23.전력 24.전차 25.전화
26.전동차 27.정문 28.정월 29.정도 30.정오
31.정직 32.조국 33.조부 34.조모 35.조상
36.선조

► 132쪽

1.족하 2.자족 3.좌우 4.좌우간 5.좌수
6.좌편 7.주인 8.주어 9.주식 10.주상
11.자주 12.주민 13.주소 14.중대 15.중대사
16.중력 17.이중 18.삼중 19.지하 20.지하실
21.지주 22.지방 23.지명 24.토지 25.지면
26.지상 27.한지 28.백지 29.촌지 30.직후
31.직면 32.직전 33.직립 34.치천금 35.산천
36.천금

► 133쪽

1.천만년 2.천자문 3.중천금 4.천지 5.천명
6.천국 7.천상천하 8.청천 9.초목 10.초식
11.초가삼간 12.수초 13.해초 14.촌가 15.촌장
16.촌민 17.촌로 18.남촌 19.추석 20.추구월
21.춘추 22.춘색 23.춘하추동 24.청춘 25.출입구
26.출생 27.출국 28.출토 29.출입문 30.편안
31.변소 32.편지 33.소변 34.평민 35.평생
36.평면

► 134쪽

1.평안 2.평지 3.하산 4.하기 5.하차
6.하교 7.하교 8.하일 9.하동 10.한자
11.한문 12.한강 13.문외한 14.해군 15.해수
16.해녀 17.해외 18.대해 19.화초 20.국화
21.목화 22.백화 23.산유화 24.수화 25.활동
26.활력 27.활기 28.생활 29.화화산 30.효도
31.효녀 32.효자 33.효심 34.후식 35.후문
36.후세

► 135쪽

1.후학 2.선후 3.휴일 4.휴교 5.휴학
6.휴지 7.휴화산 8.국가 9.찻간 10.국기
11.팔도강산

【정답】 - 한자어 쓰기

▶ 136쪽

1. 家口   2. 家內   3. 家長
4. 家門   5. 家事   6. 歌手
7. 校歌   8. 軍歌   9. 間間
10. 間食 11. 間色 12. 江山
13. 江南 14. 江北 15. 江村
16. 車內 17. 車道 18. 火車

▶ 137쪽

1. 人力車 2. 工夫   3. 工場
4. 工學   5. 空間   6. 空軍
7. 空中   8. 空白   9. 空氣
10. 口語   11. 人口 12. 出入口
13. 記事   14. 記入 15. 手記
16. 氣力   17. 氣色 18. 旗手

▶ 138쪽

1. 白旗   2. 校旗   3. 男女
4. 男子   5. 男學生 6. 南男北女
7. 內外   8. 內室   9. 內心
10. 內面   11. 內人 12. 農村
13. 農林   14. 農夫 15. 農事
16. 農場   17. 農地 18. 正答

▶ 139쪽

1. 道場   2. 道家   3. 道人
4. 正道   5. 冬天   6. 三冬
7. 同門   8. 同氣   9. 同色
10. 同生   11. 同數 12. 洞口
13. 洞里   14. 洞民 15. 洞長
16. 洞內   17. 動物 18. 動植物

▶ 140쪽

1. 不動   2. 出動   3. 自動車
4. 登山   5. 登校   6. 登記
7. 登場   8. 來日   9. 來年
10. 來世   11. 來韓 12. 力道
13. 水力   14. 火力 15. 力不足
16. 老人   17. 老少 18. 老年

▶ 141쪽

1. 老後   2. 老父母 3. 里長
4. 十里   5. 數千里 6. 數萬里
7. 山林   8. 國有林 9. 立春
10. 立夏   11. 立秋 12. 立冬
13. 立場   14. 每日 15. 每月
16. 每年   17. 每事 18. 每時

▶ 142쪽

1. 面上   2. 面長   3. 面前
4. 海面   5. 名山   6. 名門
7. 名手   8. 名答   9. 名物
10. 名家   11. 命名 12. 命中
13. 文字   14. 文學 15. 文敎
16. 天文   17. 問答 18. 問安

▶ 143쪽

1. 物色   2. 萬物   3. 生物
4. 人物   5. 文物   6. 方正
7. 方面   8. 方道   9. 八方
10. 南方   11. 百姓 12. 百年
13. 百萬   14. 百草 15. 夫人
16. 工夫   17. 不正

► 144쪽
1. 不平   2. 不安   3. 不足
4. 不孝   5. 事大   6. 事物
7. 事前   8. 事後   9. 大事
10. 算數 11. 算出 12. 算入
13. 上下 14. 上同 15. 上中下
16. 上水道 17. 海上 18. 色紙

► 145쪽
1. 正色   2. 白色   3. 夕食
4. 七夕   5. 姓名   6. 世間
7. 世上   8. 世事   9. 萬世
10. 出世 11. 少年 12. 少女
13. 少時 14. 所有 15. 所重
16. 所出 17. 山所

► 146쪽
1. 手足   2. 手中   3. 手下
4. 手工   5. 手話   6. 數日
7. 數字   8. 數年   9. 數學
10. 數千萬 11. 寸數 12. 市場
13. 市長 14. 市內 15. 市民
16. 市道邑面 17. 時間 18. 時日
19. 生時

► 147쪽
1. 四時   2. 一時   3. 食口
4. 食水   5. 食事   6. 食前
7. 食後   8. 植字   9. 植物
10. 植木日 11. 植民地 12. 心地
13. 心算 14. 心氣 15. 民心
16. 中心 17. 安全

► 148쪽
1. 安心   2. 安住   3. 不安
4. 安東   5. 語氣   6. 語文
7. 語學   8. 然後   9. 自然
10. 天然 11. 午前 12. 午後
13. 上午 14. 正午 15. 下午
16. 右手 17. 左便 18. 有色

► 149쪽
1. 有力   2. 有名   3. 國有地
4. 育林   5. 生育   6. 敎育
7. 邑長   8. 邑內   9. 邑村
10. 邑面洞 11. 小邑 12. 入學
13. 入室 14. 入國 15. 入口
16. 入金 17. 子女 18. 子弟

► 150쪽
1. 子正   2. 天子   3. 王子
4. 弟子   5. 字母   6. 正字
7. 十字   8. 八字   9. 自問自答
10. 自立 11. 自白 12. 自生
13. 自重 14. 場所 15. 場面
16. 場外 17. 敎場 18. 全面

► 151쪽
1. 全國   2. 全軍   3. 全力
4. 萬全   5. 前後   6. 前面
7. 生前   8. 電氣   9. 電力
10. 電車 11. 電話 12. 電動車
13. 正門 14. 正月 15. 正道
16. 正直 17. 不正 18. 祖國

► 152쪽
1. 祖父　2. 祖母　3. 祖上
4. 先祖　5. 足下　6. 自足
7. 左右　8. 左右間　9. 左手
10. 左便　11. 主人　12. 主語
13. 主食　14. 主上　15. 自主
16. 住民　17. 住所　18. 重大
19. 重大事

► 153쪽
1. 重力　2. 二重　3. 三重
4. 地下　5. 地下室　6. 地主
7. 地方　8. 地名　9. 紙面
10. 紙上　11. 韓紙　12. 白紙
13. 寸紙　14. 直後　15. 直面
16. 直前　17. 直立　18. 直千金

► 154쪽
1. 山川　2. 千金　3. 千萬年
4. 千字文　5. 重千金　6. 天地
7. 天命　8. 天國　9. 天上天下
10. 靑天　11. 草木　12. 草食
13. 草家三間　14. 水草　15. 海草
16. 村家　17. 村長　18. 村民

► 155쪽
1. 村老　2. 南村　3. 山村
4. 秋夕　5. 秋九月　6. 春秋
7. 春色　8. 春夏秋冬　9. 靑春
10. 出入口　11. 出生　12. 出國
13. 出土　14. 出入門　15. 便安
16. 便所　17. 便紙　18. 小便

► 156쪽
1. 平民　2. 平生　3. 平面
4. 平安　5. 平地　6. 下山
7. 下旗　8. 下車　9. 下校
10. 下敎　11. 夏日　12. 夏冬
13. 漢字　14. 漢文　15. 漢江
16. 門外漢　17. 海軍　18. 海水

► 157쪽
1. 海女　2. 海外　3. 大海
4. 花草　5. 國花　6. 木花
7. 白花　8. 山有花　9. 手話
10. 活動　11. 活力　12. 活氣
13. 生活　14. 活火山　15. 孝道
16. 孝女　17. 孝子

► 158쪽
1. 孝心　2. 後食　3. 後門
4. 後世　5. 後學　6. 先後
7. 休日　8. 休校　9. 休學
10. 休紙　11. 休火山

♣ **다음 반의어**(反義語 = 뜻이 서로 반대되거나 상대인 한자)**를 써 보시오.**

• 강산(江山) : 강과 산.	江 山 강 **강** 메 **산**	강 **강** 메 **산**	
• 남북(南北) : 남쪽과 북쪽.	南 北 남녘 **남** 북녘 **북**	남녘 **남** 북녘 **북**	
• 남녀(男女) : 남자와 여자.	男 女 사내 **남** 계집 **녀**	사내 **남** 계집 **녀**	
• 내외(內:外) : 안과 밖. 부부.	內 外 안 **내** 바깥 **외**	안 **내** 바깥 **외**	

♣ **다음 반의어**(反義語 = 뜻이 서로 반대되거나 상대인 한자)**를 써 보시오.**

- **대소**(大:小)
  : 사물의 큼과 작음.

大	小		
큰 대	작을 소	큰 대	작을 소

- **동서**(東西)
  : 동쪽과 서쪽.

東	西		
동녘 동	서녘 서	동녘 동	서녘 서

- **노소**(老:少)
  : 늙은이와 젊은이.

老	少		
늙을 로	젊을 소	늙을 로	젊을 소

- **문답**(問:答)
  : 물음과 대답.

問	答		
물을 문	대답 답	물을 문	대답 답

♣ 다음 반의어(反義語 = 뜻이 서로 반대되거나 상대인 한자)를 써 보시오.

- 물심(物心)
  : 물질과 정신.

物	心		
물건 물	마음 심	물건 물	마음 심

- 산천(山川)
  : 산과 내.

山	川		
메 산	내 천	메 산	내 천

- 산해(山海)
  : 산과 바다.

山	海		
메 산	바다 해	메 산	바다 해

- 상하(上:下)
  : 위와 아래. 높고 낮음.

上	下		
위 상	아래 하	위 상	아래 하

♣ **다음 반의어**(反義語 = 뜻이 서로 반대되거나 상대인 한자)**를 써 보시오.**

- **선후**(先後)
  : 먼저와 나중.

先 後		
먼저 선 뒤 후 먼저 선 뒤 후		

- **수화**(水火)
  : 물과 불.

水 火		
물 수 불 화 물 수 불 화		

- **수족**(手足)
  : 손발.

手 足		
손 수 발 족 손 수 발 족		

- **일월**(日月)
  : 해와 달.

日 月		
해 일 달 월 해 일 달 월		

♣ **다음 반의어**(反義語 = 뜻이 서로 반대되거나 상대인 한자)**를 써 보시오.**

• 전후(前後) : 앞과 뒤.	前 後 앞 **전** 뒤 **후**	앞 **전** 뒤 **후**		
• 천지(天地) : 하늘과 땅.	天 地 하늘 **천** 따 **지**	하늘 **천** 따 **지**		
• 춘추(春秋) : 봄과 가을. 어른 '나이'의 높임말.	春 秋 봄 **춘** 가을 **추**	봄 **춘** 가을 **추**		
• 형제(兄弟) : 형과 아우.	兄 弟 형 **형** 아우 **제**	형 **형** 아우 **제**		

♣ 다음 동의어(同義語 = 뜻이 같거나 비슷한 한자)를 써 보시오.

• 정직(正:直) : 마음이 바르고 곧음.	正 直 바를 정 / 곧을 직	바를 정 / 곧을 직	
• 토지(土地) : 땅이나 흙.	土 地 흙 토 / 따 지	흙 토 / 따 지	

♣ 다음 동음이의어(同音異義語 = 소리는 같으나 뜻이 다른 한자어)를 써 보시오.

• 하교(下校) : 공부를 끝내고 학교에서 집으로 돌아옴.	下 校 아래 하 / 학교 교	아래 하 / 학교 교	
• 하교(下敎) : 윗사람이 아랫사람에게 가르치어 보임.	下 敎 아래 하 / 가르칠 교	아래 하 / 가르칠 교	
• 국가(國家) : 나라.	國 家 나라 국 / 집 가	나라 국 / 집 가	
• 국가(國歌) : 한 나라의 국민과 국가를 대표하는 노래.	國 歌 나라 국 / 노래 가	나라 국 / 노래 가	

♣ **다음 동음이의어**(同音異義語 = 소리는 같으나 뜻이 다른 한자어)**를 써 보시오.**

• 시장(市場) : 상품을 사고 파는 장소.	市 場		
	저자 시 / 마당 장	저자 시 / 마당 장	
• 시장(市長) : 시의 행정을 맡은 우두머리.	市 長		
	저자 시 / 어른 장	저자 시 / 어른 장	

활용(活用) 학습

- 7급Ⅱ 예상문제 (5회분)
- 7급 예상문제 (10회분)

제 1회 한자능력검정시험 7급Ⅱ 예상문제

(시험시간 : 50분. 시험문항 : 60문제. 합격문항 : 42문제이상) 성명 _____

1. 다음 漢字語(한자어)의 讀音(독음)을 쓰시오. (1~22)

　　　　　 ┌─ <例예> ─┐
　　　　　 │ 漢字 → 한자 │
　　　　　 └──────┘

(1) 市場　　　　　(2) 氣力

(3) 手足　　　　　(4) 前後

(5) 工場　　　　　(6) 車道

(7) 活力　　　　　(8) 安全

(9) 時間　　　　　(10) 食事

(11) 平民　　　　(12) 人力

(13) 江東　　　　(14) 國立

(15) 空間　　　　(16) 正午

(17) 農家　　　　(18) 正直

(19) 左右　　　　(20) 漢江

(21) 上下　　　　(22) 孝女

2. 다음 漢字(한자)의 訓(훈)과 音(음)을 쓰시오. (23~42)

　　　　　 ┌─ <例예> ─┐
　　　　　 │ 字 → 글자 자 │
　　　　　 └──────┘

(23) 電　　　　　(24) 氣

(25) 時　　　　　(26) 海

(27) 物　　　　　(28) 姓

(29) 方　　　　　(30) 午

(31) 事　　　　　(32) 家

(33) 靑　　　　　(34) 安

(35) 寸　　　　　(36) 姓

(37) 活　　　　　(38) 世

(39) 後　　　　　(40) 平

(41) 男　　　　　(42) 空

3. 다음 漢字語(한자어)의 뜻을 쓰세요. (43~44)

(43) 國軍

(44) 自動

4. 다음 訓(훈)과 音(음)에 맞는 漢字(한자)를 例(예)에서 골라 그 번호를 쓰세요. (45~54)

　┌─ <例예> ─────────────┐
　│ ① 右 ② 父 ③ 五 ④ 每 ⑤ 內 │
　│ ⑥ 孝 ⑦ 市 ⑧ 直 ⑨ 間 ⑩ 道 │
　└──────────────────┘

(45) 사이 간 ……… (　　)

(46) 아비 부 ……… (　　)

(47) 매양 매 ……… (　　)

(48) 안 내 ……… (　　)

(49) 길 도 ……… (　　)

(50) 저자 시 ……… (　　)

(51) 효도 효 ……… (　　)

(52) 오른 우 ……… (　　)

(53) 곧을 직 ……… (　　)

(54) 다섯 오 ……… (　　)

5. 다음 漢字語(한자어)의 상대 또는 반대되는 漢字語를 例(예)에서 골라 그 번호를 쓰세요. (55~56)

<例예>
① 子弟 ② 正午 ③ 弟子 ④ 下山

(55) 先生 ………… (   )

(56) 子正 ………… (   )

6. 다음 □ 속에 알맞은 漢字(한자)를 例(예)에서 골라 그 번호를 쓰세요. (57~58)

<例예>
① 話 ② 左 ③ 先 ④ 水

(57) (   ) - 火 : 물과 불

(58) (   ) - 後 : 먼저와 나중

7. 다음 漢字의 필순에 대한 물음에 답하시오. (59~60)

(59)  자에서 ★표한 획은 몇 번째 쓰는지 그 번호를 고르시오. ……(   )

① 세번째
② 네번째
③ 열두번째
④ 열세번째

(60)  자에서 ★표한 획은 몇 번째 쓰는지 그 번호를 고르시오. ……(   )

① 첫번째
② 두번째
③ 여섯번째
④ 일곱 번째

▶ 정답은 204쪽

제 2회 한자능력검정시험 7급Ⅱ 예상문제

(시험시간 : 50분. 시험문항 : 60문제. 합격문항 : 42문제이상) 성명 _____

1. 다음 漢字語(한자어)의 讀音(독음)을 쓰시오. (1~22)

   <例예>
   漢字 → 한자

   (1) 間食   (2) 韓國
   (3) 南下   (4) 海上
   (5) 手記   (6) 空軍
   (7) 男女   (8) 國家
   (9) 八十   (10) 門下
   (11) 自立   (12) 兄弟
   (13) 平安   (14) 山間
   (15) 食事   (16) 生活
   (17) 車內   (18) 事後
   (19) 日記   (20) 孝道
   (21) 姓名   (22) 五六月

2. 다음 漢字(한자)의 訓(훈)과 音(음)을 쓰시오. (23~42)

   <例예>
   字 → 글자 자

   (23) 空   (24) 話
   (25) 世   (26) 市
   (27) 記   (28) 七
   (29) 學   (30) 下
   (31) 室   (32) 物
   (33) 手   (34) 萬
   (35) 時   (36) 立
   (37) 家   (38) 先
   (39) 母   (40) 外
   (41) 右   (42) 年

3. 다음 漢字語(한자어)의 뜻을 쓰세요. (43~44)

   (43) 午前
   (44) 每日

4. 다음 訓(훈)과 音(음)에 맞는 漢字(한자)를 例(예)에서 골라 그 번호를 쓰세요. (45~54)

   <例예>
   ① 漢 ② 全 ③ 車 ④ 動 ⑤ 男
   ⑥ 農 ⑦ 方 ⑧ 答 ⑨ 長 ⑩ 靑

   (45) 움직일 동 ………… (   )
   (46) 수레 거/차 ………… (   )
   (47) 대답   답 ………… (   )
   (48) 온전   전 ………… (   )
   (49) 푸를   청 ………… (   )
   (50) 한수   한 ………… (   )
   (51) 사내   남 ………… (   )
   (52) 농사   농 ………… (   )
   (53) 길   장 ………… (   )
   (54) 모   방 ………… (   )

5. 다음 漢字語(한자어)의 상대 또는 반대되는 漢字語를 例(예)에서 골라 그 번호를 쓰세요. (55~56)

⟨例(예)⟩
① 父母　② 母女　③ 南北　④ 北女

(55) 南男 ………… (　　　　)

(56) 子女 ………… (　　　　)

6. 다음 □ 속에 알맞은 漢字(한자)를 例(예)에서 골라 그 번호를 쓰세요. (57~58)

⟨例(예)⟩
① 國　② 少　③ 手　④ 間

(57) (　　　　) － 家 : 나라

(58) (　　　　) － 足 : 손과 발

7. 다음 漢字의 필순에 대한 물음에 답하시오. (59~60)

(59)  家 자에서 ★표한 획은 몇 번째 쓰는지 그 번호를 고르시오. ……(　　　　)

① 세번째
② 네번째
③ 다섯번째
④ 여섯번째

(60)  年 자에서 ★표한 획은 몇 번째 쓰는지 그 번호를 고르시오. ……(　　　　)

① 세번째
② 네번째
③ 다섯번째
④ 여섯 번째

▶ 정답은 204쪽

제 3회 한자능력검정시험 7급II 예상문제

(시험시간 : 50분. 시험문항 : 60문제. 합격문항 : 42문제이상) 성명 _____

1. 다음 漢字語(한자어)의 讀音(독음)을 쓰시오. (1~22)

   〈例예〉
   漢字 → 한자

   (1) 中間   (2) 市立

   (3) 日時   (4) 家內

   (5) 生水   (6) 午後

   (7) 農土   (8) 事前

   (9) 大家   (10) 敎學

   (11) 車道   (12) 生物

   (13) 日月   (14) 自動車

   (15) 東方   (16) 動力

   (17) 道人   (18) 不正

   (19) 市長   (20) 平民

   (21) 世上   (22) 水軍

2. 다음 漢字(한자)의 訓(훈)과 音(음)을 쓰시오. (23~42)

   〈例예〉
   字 → 글자 자

   (23) 間   (24) 平

   (25) 左   (26) 學

   (27) 右   (28) 外

   (29) 寸   (30) 先

   (31) 後   (32) 四

   (33) 人   (34) 六

   (35) 姓   (36) 場

   (37) 前   (38) 答

   (39) 生   (40) 全

   (41) 孝   (42) 方

3. 다음 漢字語(한자어)의 뜻을 쓰세요. (43~44)

   (43) 不足

   (44) 中間

4. 다음 訓(훈)과 音(음)에 맞는 漢字(한자)를 例(예)에서 골라 그 번호를 쓰세요. (45~54)

   〈例예〉
   ① 力 ② 左 ③ 九 ④ 電 ⑤ 王
   ⑥ 食 ⑦ 正 ⑧ 事 ⑨ 敎 ⑩ 三

   (45) 밥   식 ………… (   )

   (46) 번개 전 ………… (   )

   (47) 일   사 ………… (   )

   (48) 힘   력 ………… (   )

   (49) 가르칠 교 ……… (   )

   (50) 왼   좌 ………… (   )

   (51) 바를 정 ………… (   )

   (52) 석   삼 ………… (   )

   (53) 임금 왕 ………… (   )

   (54) 아홉 구 ………… (   )

5. 다음 漢字語(한자어)의 상대 또는 반대되는 漢字語를 例(예)에서 골라 그 번호를 쓰세요. (55~56)

─〈例예〉─
① 事物 ② 東方 ③ 白軍 ④ 北方

(55) 靑軍 ………… (   )

(56) 南方 ………… (   )

6. 다음 □ 속에 알맞은 漢字(한자)를 例(예)에서 골라 그 번호를 쓰세요. (57~58)

─〈例예〉─
① 世 ② 姓 ③ 江 ④ 工

(57) (   ) － 子 : 다음 왕이 될 왕의 아들

(58) (   ) － 名 : 성과 이름

7 다음 漢字의 필수에 대한 물음에 답하시오. (59~60)

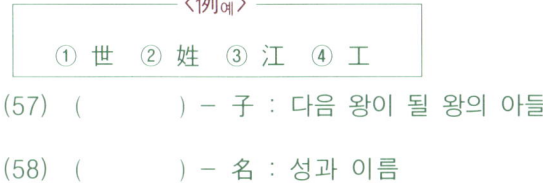

(59) 每 자에서 ★표한 획은 몇 번째 쓰는지 그 번호를 고르시오. ……(   )

① 세번째
② 다섯번째
③ 여섯번째
④ 일곱번째

(60) 間 자에서 ★표한 획은 몇 번째 쓰는지 그 번호를 고르시오. ……(   )

① 두번째
② 다섯번째
③ 여섯번째
④ 일곱 번째

▶ 정답은 205쪽

제 4회 한자능력검정시험 7급Ⅱ 예상문제

(시험시간 : 50분. 시험문항 : 60문제. 합격문항 : 42문제이상) 성명 _____

1. 다음 漢字語(한자어)의 讀音(독음)을 쓰시오. (1~22)

   〈例(예)〉
   漢字 → 한자

   (1) 女軍   (2) 力道

   (3) 男子   (4) 人家

   (5) 四方   (6) 空氣

   (7) 火車   (8) 後方

   (9) 足下   (10) 全國

   (11) 人力車   (12) 正門

   (13) 國名   (14) 工場

   (15) 民事   (16) 不孝

   (17) 活氣   (18) 手記

   (19) 正答   (20) 每年

   (21) 內室   (22) 萬人

2. 다음 漢字(한자)의 訓(훈)과 音(음)을 쓰시오. (23~42)

   〈例(예)〉
   字 → 글자 자

   (23) 家   (24) 子

   (25) 話   (26) 安

   (27) 答   (28) 室

   (29) 五   (30) 力

   (31) 動   (32) 小

   (33) 海   (34) 左

   (35) 事   (36) 記

   (37) 車   (38) 工

   (39) 食   (40) 手

   (41) 內   (42) 弟

3. 다음 漢字語(한자어)의 뜻을 쓰세요. (43~44)

   (43) 正道

   (44) 農土

4. 다음 訓(훈)과 音(음)에 맞는 漢字(한자)를 例(예)에서 골라 그 번호를 쓰세요. (45~54)

   〈例(예)〉
   ① 漢 ② 世 ③ 空 ④ 場 ⑤ 物
   ⑥ 名 ⑦ 市 ⑧ 農 ⑨ 氣 ⑩ 自

   (45) 빌   공 ………… (   )

   (46) 한수 한/ 한나라 한 … (   )

   (47) 스스로 자 ………… (   )

   (48) 농사   농 ………… (   )

   (49) 기운   기 ………… (   )

   (50) 물건   물 ………… (   )

   (51) 인간   세 ………… (   )

   (52) 이름   명 ………… (   )

   (53) 마당   장 ………… (   )

   (54) 저자   시 ………… (   )

5. 다음 漢字語(한자어)의 상대 또는 반대되는 漢字語를 例(예)에서 골라 그 번호를 쓰세요. (55~56)

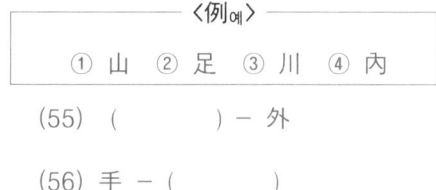

(55) (　　　) - 外

(56) 手 - (　　　)

6. 다음 □ 속에 알맞은 漢字(한자)를 例(예)에서 골라 그 번호를 쓰세요. (57~58)

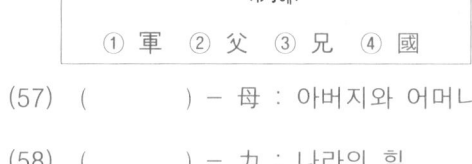

(57) (　　　) - 母 : 아버지와 어머니

(58) (　　　) - 力 : 나라의 힘

7. 다음 漢字의 필순에 대한 물음에 답하시오. (59~60)

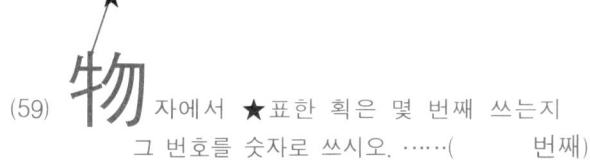

(59) 物 자에서 ★표한 획은 몇 번째 쓰는지 그 번호를 숫자로 쓰시오. ……(　　　번째)

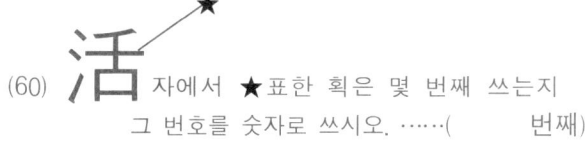

(60) 活 자에서 ★표한 획은 몇 번째 쓰는지 그 번호를 숫자로 쓰시오. ……(　　　번째)

▶ 정답은 205쪽

제 5회 한자능력검정시험 7급Ⅱ 예상문제

(시험시간 : 50분. 시험문항 : 60문제. 합격문항 : 42문제이상) 성명 _____

1. 다음 漢字語(한자어)의 讀音(독음)을 쓰시오. (1~22)

   <예예>
   漢字 → 한자

   (1) 西人   (2) 東門
   (3) 安東   (4) 萬事
   (5) 不孝   (6) 國學
   (7) 男女   (8) 王室
   (9) 直立   (10) 生家
   (11) 八方   (12) 全軍
   (13) 生物   (14) 食前
   (15) 六月   (16) 孝子
   (17) 自立   (18) 水力
   (19) 車間   (20) 八寸
   (21) 正門   (22) 九十月

2. 다음 漢字(한자)의 訓(훈)과 音(음)을 쓰시오. (23~42)

   <예예>
   字 → 글자 자

   (23) 事   (24) 後
   (25) 工   (26) 自
   (27) 東   (28) 校
   (29) 上   (30) 農
   (31) 海   (32) 年
   (33) 午   (34) 韓
   (35) 食   (36) 活
   (37) 物   (38) 青
   (39) 時   (40) 車
   (41) 前   (42) 民

3. 다음 漢字語(한자어)의 뜻을 쓰세요. (43~44)

   (43) 名山
   (44) 全力

4. 다음 訓(훈)과 音(음)에 맞는 漢字(한자)를 例(예)에서 골라 그 번호를 쓰세요. (45~54)

   <예예>
   ① 弟 ② 方 ③ 時 ④ 足 ⑤ 手
   ⑥ 北 ⑦ 月 ⑧ 右 ⑨ 室 ⑩ 白

   (45) 모 방 ………… (   )
   (46) 집 실 ………… (   )
   (47) 아우 제 ………… (   )
   (48) 북녘 북 ………… (   )
   (49) 때 시 ………… (   )
   (50) 흰 백 ………… (   )
   (51) 손 수 ………… (   )
   (52) 달 월 ………… (   )
   (53) 오른 우 ………… (   )
   (54) 다리 족 ………… (   )

5. 다음 漢字語(한자어)의 상대 또는 반대되는 漢字語를 例(예)에서 골라 그 번호를 쓰세요. (55~56)

<예>
① 右 ② 內 ③ 六 ④ 月

(55) 左 - (   )

(56) (   ) - 外

6. 다음 □ 속에 알맞은 漢字(한자)를 例(예)에서 골라 그 번호를 쓰세요. (57~58)

<예>
① 市 ② 夫 ③ 正 ④ 民

(57) (   ) - 場 : 물건을 사고파는 장소

(58) (   ) - 直 : 바르고 곧음

7. 다음 漢字의 필순에 대한 물음에 답하시오. (59~60)

(59) 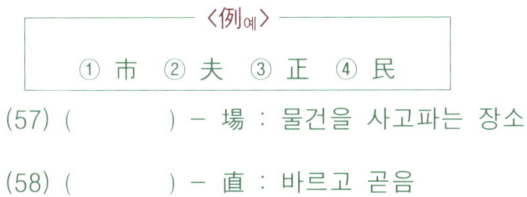 자에서 ★표한 획은 몇 번째 쓰는지 그 번호를 숫자로 쓰시오. ……(번째)

(60)  자에서 ★표한 획은 몇 번째 쓰는지 그 번호를 숫자로 쓰시오. ……(번째)

▶ 정답은 206쪽

제1회 한자능력검정시험 7급 예상문제

(시험시간 : 50분. 시험문항 : 70문제. 합격문항 : 49문제이상) 성명 _____

1. 다음 漢字語(한자어)의 讀音(독음)을 쓰시오. (1~32)

   <例(예)>
   漢字 → 한자

   (1) 大軍   (2) 平面
   (3) 文學   (4) 火力
   (5) 南人   (6) 六寸
   (7) 外地   (8) 小便
   (9) 家出   (10) 自主
   (11) 三門   (12) 歌手
   (13) 出國   (14) 白旗
   (15) 年老   (16) 秋夕
   (17) 所重   (18) 天命
   (19) 主食   (20) 二重
   (21) 市民   (22) 名物
   (23) 登記   (24) 草家
   (25) 海水   (26) 人心
   (27) 日直   (28) 地方
   (29) 空白   (30) 後門
   (31) 先金   (32) 日月

2. 다음 漢字(한자)의 訓(훈)과 音(음)을 쓰시오. (33~52)

   <例(예)>
   字 → 글자 자

   (33) 入   (34) 孝
   (35) 前   (36) 月
   (37) 夕   (38) 工
   (39) 名   (40) 重
   (41) 春   (42) 人
   (43) 草   (44) 午
   (45) 里   (46) 有
   (47) 江   (48) 育
   (49) 南   (50) 千
   (51) 老   (52) 長

3. 다음 漢字語(한자어)의 뜻을 쓰세요. (53~54)

   (53) 海外

   (54) 空軍

4. 다음 訓(훈)과 音(음)에 맞는 漢字(한자)를 例(예)에서 골라 그 번호를 쓰세요. (55~64)

   <例(예)>
   ① 百 ② 活 ③ 秋 ④ 算 ⑤ 平
   ⑥ 住 ⑦ 祖 ⑧ 靑 ⑨ 海 ⑩ 旗

   (55) 셈   산 ………… (   )
   (56) 일백   백 ………… (   )
   (57) 할아비 조 ………… (   )
   (58) 푸를   청 ………… (   )
   (59) 가을   추 ………… (   )
   (60) 기   기 ………… (   )
   (61) 살   활 ………… (   )
   (62) 평평할 평 ………… (   )
   (63) 바다   해 ………… (   )
   (64) 살   주 ………… (   )

5. 다음 漢字語(한자어)의 상대 또는 반대되는 漢字語를 例(예)에서 골라 그 번호를 쓰세요. (65~66)

<例예>
① 不孝 ② 子正 ③ 下午 ④ 孝行

(65) 正午 - (   )

(66) 孝道 - (   )

6. 다음 □ 속에 알맞은 漢字(한자)를 例(예)에서 골라 그 번호를 쓰세요. (67~68)

<例예>
① 名 ② 學 ③ 農 ④ 敎

(67) (   ) - 土 : 농사짓는 땅

(68) (   ) - 生 : 배우는 사람

7. 다음 漢字의 필순에 대한 물음에 답하시오. (69~70)

(69)  자에서 ★표한 획은 몇 번째 쓰는지 그 번호를 숫자로 쓰시오. ……(번째)

(70)  자에서 ★표한 획은 몇 번째 쓰는지 그 번호를 숫자로 쓰시오. ……(번째)

▶ 정답은 207쪽

제 2회 한자능력검정시험 7급 예상문제

(시험시간 : 50분. 시험문항 : 70문제. 합격문항 : 49문제이상) 성명 _____

1. 다음 漢字語(한자어)의 讀音(독음)을 쓰시오. (1~32)

<예>
漢字 → 한자

(1) 電力　　　　　(2) 先祖
(3) 面上　　　　　(4) 工人
(5) 民主　　　　　(6) 右手
(7) 靑旗　　　　　(8) 正道
(9) 出生　　　　　(10) 有心
(11) 上氣　　　　　(12) 南下
(13) 三軍　　　　　(14) 人名
(15) 色紙　　　　　(16) 農林
(17) 天國　　　　　(18) 工學
(19) 江水　　　　　(20) 生育
(21) 名文　　　　　(22) 方便
(23) 自白　　　　　(24) 老年
(25) 方寸　　　　　(26) 記事
(27) 火氣　　　　　(28) 海物
(29) 村老　　　　　(30) 文王
(31) 同門　　　　　(32) 內室

2. 다음 漢字(한자)의 訓(훈)과 音(음)을 쓰시오. (33~52)

<예>
字 → 글자 자

(33) 花　　　　　(34) 答
(35) 歌　　　　　(36) 秋
(37) 住　　　　　(38) 語
(39) 洞　　　　　(40) 夫
(41) 草　　　　　(42) 正
(43) 重　　　　　(44) 命
(45) 場　　　　　(46) 休
(47) 時　　　　　(48) 所
(49) 世　　　　　(50) 食
(51) 登　　　　　(52) 地

3. 다음 漢字語(한자어)의 뜻을 쓰세요. (53~54)

(53) 名人

(54) 市內

4. 다음 訓(훈)과 音(음)에 맞는 漢字(한자)를 例(예)에서 골라 그 번호를 쓰세요. (55~64)

<예>
① 家　② 直　③ 道　④ 事　⑤ 來
⑥ 話　⑦ 電　⑧ 然　⑨ 方　⑩ 立

(55) 올 래 ………… (　　)
(56) 모 방 ………… (　　)
(57) 곧을 직 ………… (　　)
(58) 그럴 연 ………… (　　)
(59) 번개 전 ………… (　　)
(60) 설 립 ………… (　　)
(61) 집 가 ………… (　　)
(62) 일 사 ………… (　　)
(63) 말씀 화 ………… (　　)
(64) 길 도 ………… (　　)

5. 다음 漢字語(한자어)의 상대 또는 반대되는 漢字語를 例(예)에서 골라 그 번호를 쓰세요. (65~66)

〈例(예)〉
① 冬 ② 天 ③ 前 ④ 春

(65) 夏 - (   )

(66) (   ) - 後

6. 다음 □ 속에 알맞은 漢字(한자)를 例(예)에서 골라 그 번호를 쓰세요. (67~68)

〈例(예)〉
① 重 ② 中 ③ 氣 ④ 先

(67) (   ) - 色 : 얼굴에 나타난 마음속의 감정

(68) (   ) - 立 : 어느 쪽에도 치우치지 않고 중간에 섬

7. 다음 漢字의 필순에 대한 물음에 답하시오. (69~70)

(69)  歌 자에서 ★표한 획은 몇 번째 쓰는지 그 번호를 숫자로 쓰시오. ……(번째)

(70)  動 자에서 ★표한 획은 몇 번째 쓰는지 그 번호를 숫자로 쓰시오. ……(번째)

▶ 정답은 207쪽

제3회 한자능력검정시험 7급 예상문제

(시험시간 : 50분. 시험문항 : 70문제. 합격문항 : 49문제이상) 성명 _____

1. 다음 漢字語(한자어)의 讀音(독음)을 쓰시오. (1~32)

    ―〈例(예)〉―
    例(예) 漢字 → 한자

    (1) 軍氣   (2) 西便
    (3) 五百   (4) 面前
    (5) 大王   (6) 地上
    (7) 同一   (8) 下車
    (9) 海女   (10) 二世
    (11) 電車   (12) 南面
    (13) 人命   (14) 東海
    (15) 文人   (16) 入場
    (17) 北上   (18) 年內
    (19) 三色   (20) 百花
    (21) 女心   (22) 下水
    (23) 父老   (24) 六月
    (25) 有力   (26) 千秋
    (27) 祖國   (28) 北山
    (29) 秋水   (30) 年上
    (31) 市內   (32) 先手

2. 다음 漢字(한자)의 訓(훈)과 音(음)을 쓰시오. (33~52)

    ―〈例(예)〉―
    字 → 글자 자

    (33) 心   (34) 西
    (35) 文   (36) 生
    (37) 命   (38) 姓
    (39) 問   (40) 數
    (41) 午   (42) 每
    (43) 年   (44) 金
    (45) 安   (46) 色
    (47) 立   (48) 草
    (49) 面   (50) 萬
    (51) 百   (52) 左

3. 다음 漢字語(한자어)의 뜻을 쓰세요. (53~54)

    (53) 山川

    (54) 校歌

4. 다음 訓(훈)과 音(음)에 맞는 漢字(한자)를 例(예)에서 골라 그 번호를 쓰세요. (55~64)

    ―〈例(예)〉―
    ① 王 ② 記 ③ 夕 ④ 場 ⑤ 軍
    ⑥ 後 ⑦ 同 ⑧ 漢 ⑨ 答 ⑩ 間

    (55) 대답 답 ………… (   )
    (56) 임금 왕 ………… (   )
    (57) 한수 한 ………… (   )
    (58) 뒤 후 ………… (   )
    (59) 저녁 석 ………… (   )
    (60) 사이 간 ………… (   )
    (61) 기록할 기 ……… (   )
    (62) 같을 동 ………… (   )
    (63) 마당 장 ………… (   )
    (64) 군사 군 ………… (   )

5. 다음 漢字語(한자어)의 상대 또는 반대되는 漢字語를 例(예)에서 골라 그 번호를 쓰세요. (65~66)

<例예>
① 答 ② 少 ③ 小 ④ 話

(65) 老 - (   )

(66) 問 - (   )

6. 다음 □ 속에 알맞은 漢字(한자)를 例(예)에서 골라 그 번호를 쓰세요. (67~68)

<例예>
① 人 ② 所 ③ 入 ④ 農

(67) (   ) - 有 : 가지고 있음

(68) (   ) - 家 : 농업에 종사하는 사람들이 사는 집

7. 다음 漢字의 필순에 대한 물음에 답하시오. (69~70)

(69) 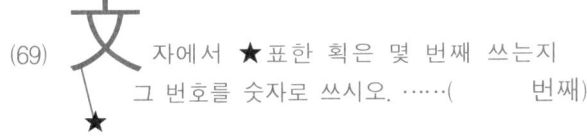 자에서 ★표한 획은 몇 번째 쓰는지 그 번호를 숫자로 쓰시오. ……(번째)

(70) 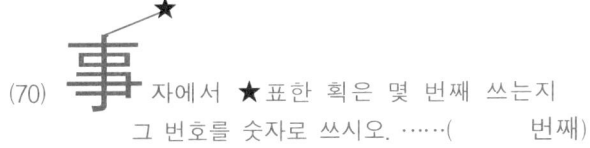 자에서 ★표한 획은 몇 번째 쓰는지 그 번호를 숫자로 쓰시오. ……(번째)

▶ 정답은 208쪽

제4회 한자능력검정시험 7급 예상문제

(시험시간 : 50분. 시험문항 : 70문제. 합격문항 : 49문제이상) 성명 _____

1. 다음 漢字語(한자어)의 讀音(독음)을 쓰시오. (1~32)

   〈例예〉
   漢字 → 한자

   (1) 國王   (2) 同名
   (3) 下午   (4) 東便
   (5) 年下   (6) 洞長
   (7) 上水   (8) 地平
   (9) 主敎   (10) 年少
   (11) 西海   (12) 九十
   (13) 年中   (14) 白紙
   (15) 登山   (16) 韓人
   (17) 方面   (18) 內地
   (19) 南海   (20) 父王
   (21) 三生   (22) 問安
   (23) 百世   (24) 來月
   (25) 學問   (26) 老兄
   (27) 大門   (28) 全力
   (29) 長江   (30) 地下
   (31) 父女   (32) 小學

2. 다음 漢字(한자)의 訓(훈)과 音(음)을 쓰시오. (33~52)

   〈例예〉
   字 → 글자 자

   (33) 空   (34) 午
   (35) 活   (36) 軍
   (37) 道   (38) 天
   (39) 市   (40) 全
   (41) 北   (42) 來
   (43) 國   (44) 門
   (45) 中   (46) 木
   (47) 海   (48) 母
   (49) 千   (50) 不
   (51) 室   (52) 外

3. 다음 漢字語(한자어)의 뜻을 쓰세요. (53~54)

   (53) 民主

   (54) 天地

4. 다음 訓(훈)과 音(음)에 맞는 漢字(한자)를 例(예)에서 골라 그 번호를 쓰세요. (55~64)

   〈例예〉
   ① 時 ② 然 ③ 事 ④ 立 ⑤ 孝
   ⑥ 韓 ⑦ 歌 ⑧ 川 ⑨ 方 ⑩ 老

   (55) 설 립 ………… (   )
   (56) 나라 한 ………… (   )
   (57) 그럴 연 ………… (   )
   (58) 모   방 ………… (   )
   (59) 효도 효 ………… (   )
   (60) 노래 가 ………… (   )
   (61) 때   시 ………… (   )
   (62) 내   천 ………… (   )
   (63) 늙을 로 ………… (   )
   (64) 일   사 ………… (   )

5. 다음 漢字語(한자어)의 상대 또는 반대되는 漢字語를 例(예)에서 골라 그 번호를 쓰세요. (65~66)

〈例예〉

① 生物 ② 少年 ③ 植物 ④ 小人

(65) 老人 – (   )

(66) 動物 – (   )

6. 다음 □ 속에 알맞은 漢字(한자)를 例(예)에서 골라 그 번호를 쓰세요. (67~68)

〈例예〉

① 萬 ② 同 ③ 百 ④ 洞

(67) (   ) – 里 : 마을

(68) (   ) – 人 : 모든 사람

7. 다음 漢字의 필순에 대한 물음에 답하시오. (69~70)

(69)  자에서 ★표한 획은 몇 번째 쓰는지 그 번호를 숫자로 쓰시오. ······(번째)

(70)  자에서 ★표한 획은 몇 번째 쓰는지 그 번호를 숫자로 쓰시오. ······(번째)

➡ 정답은 208쪽

제 5회 한자능력검정시험 7급 예상문제

(시험시간 : 50분. 시험문항 : 70문제. 합격문항 : 49문제이상) 성명 _____

1. 다음 漢字語(한자어)의 讀音(독음)을 쓰시오. (1~32)

<예>
漢字 → 한자

(1) 長大 (2) 國軍
(3) 水平 (4) 學年
(5) 紙上 (6) 軍門
(7) 女王 (8) 人氣
(9) 間紙 (10) 西山
(11) 大學 (12) 水道
(13) 同時 (14) 數日
(15) 敎主 (16) 地名
(17) 家事 (18) 右便
(19) 母子 (20) 山間
(21) 校旗 (22) 長文
(23) 萬事 (24) 子弟
(25) 活動 (26) 老年
(27) 門外 (28) 千年
(29) 北海 (30) 五萬
(31) 下問 (32) 上命

2. 다음 漢字(한자)의 訓(훈)과 音(음)을 쓰시오. (33~52)

<예>
字 → 글자 자

(33) 內 (34) 花
(35) 工 (36) 王
(37) 休 (38) 林
(39) 記 (40) 祖
(41) 登 (42) 氣
(43) 物 (44) 先
(45) 農 (46) 足
(47) 面 (48) 算
(49) 上 (50) 春
(51) 七 (52) 便

3. 다음 漢字語(한자어)의 뜻을 쓰세요. (53~54)
(53) 天上
(54) 植木

4. 다음 訓(훈)과 音(음)에 맞는 漢字(한자)를 例(예)에서 골라 그 번호를 쓰세요. (55~64)

<예>
① 世 ② 夏 ③ 每 ④ 江 ⑤ 來
⑥ 冬 ⑦ 男 ⑧ 道 ⑨ 海 ⑩ 育

(55) 겨울 동 ………… (   )
(56) 올 래 ………… (   )
(57) 길 도 ………… (   )
(58) 바다 해 ………… (   )
(59) 여름 하 ………… (   )
(60) 강 강 ………… (   )
(61) 매양 매 ………… (   )
(62) 세상 세 ………… (   )
(63) 기를 육 ………… (   )
(64) 사내 남 ………… (   )

5. 다음 漢字語(한자어)의 상대 또는 반대되는 漢字語를 例(예)에서 골라 그 번호를 쓰세요. (65~66)

<例예>
① 白軍　② 萬人　③ 百人　④ 右軍

(65) 一人 – (　　　)

(66) 靑軍 – (　　　)

6. 다음 □ 속에 알맞은 漢字(한자)를 例(예)에서 골라 그 번호를 쓰세요. (67~68)

<例예>
① 上　② 大　③ 校　④ 紙

(67) (　　　) – 門 : 학교의 정문

(68) (　　　) – 面 : 종이의 겉면

7. 다음 漢字의 필순에 대한 물음에 답하시오. (69~70)

(69) 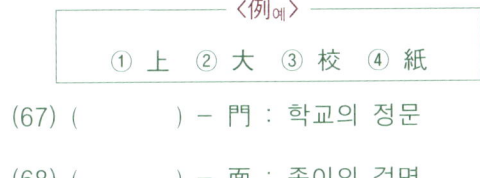 小 자에서 ★ 표한 획은 몇 번째 쓰는지 그 번호를 숫자로 쓰시오. ……(　　 번째)

(70)  手 자에서 ★ 표한 획은 몇 번째 쓰는지 그 번호를 숫자로 쓰시오. ……(　　 번째)

▶ 정답은 209쪽

제6회 한자능력검정시험 7급 예상문제

(시험시간 : 50분. 시험문항 : 70문제. 합격문항 : 49문제이상) 성명 _____

1. 다음 漢字語(한자어)의 讀音(독음)을 쓰시오. (1~32)

   <例(예)>
   漢字 → 한자

   (1) 校花   (2) 萬方
   (3) 家兄   (4) 三國
   (5) 母女   (6) 人口
   (7) 門中   (8) 手下
   (9) 長男   (10) 工夫
   (11) 水火   (12) 休學
   (13) 國事   (14) 少數
   (15) 數年   (16) 東學
   (17) 靑木   (18) 草食
   (19) 軍事   (20) 金色
   (21) 天上   (22) 萬年
   (23) 車道   (24) 農心
   (25) 敎人   (26) 出力
   (27) 上同   (28) 下命
   (29) 白面   (30) 水中
   (31) 有色   (32) 天然

2. 다음 漢字(한자)의 訓(훈)과 音(음)을 쓰시오. (33~52)

   <例(예)>
   字 → 글자 자

   (33) 九   (34) 內
   (35) 自   (36) 花
   (37) 名   (38) 平
   (39) 立   (40) 子
   (41) 文   (42) 兄
   (43) 長   (44) 語
   (45) 村   (46) 國
   (47) 冬   (48) 土
   (49) 有   (50) 天
   (51) 住   (52) 生

3. 다음 漢字語(한자어)의 뜻을 쓰세요. (53~54)

   (53) 校長

   (54) 地下

4. 다음 訓(훈)과 音(음)에 맞는 漢字(한자)를 例(예)에서 골라 그 번호를 쓰세요. (55~64)

   <例(예)>
   ① 午 ② 旗 ③ 左 ④ 寸 ⑤ 動
   ⑥ 前 ⑦ 同 ⑧ 直 ⑨ 春 ⑩ 食

   (55) 움직일 동 ………… (　　)
   (56) 앞   전 ………… (　　)
   (57) 기   기 ………… (　　)
   (58) 마디   촌 ………… (　　)
   (59) 낮   오 ………… (　　)
   (60) 봄   춘 ………… (　　)
   (61) 밥   식 ………… (　　)
   (62) 곧을   직 ………… (　　)
   (63) 왼   좌 ………… (　　)
   (64) 한가지 동 ………… (　　)

5. 다음 漢字語(한자어)의 상대 또는 반대되는 漢字語를 例(예)에서 골라 그 번호를 쓰세요. (65~66)

<例(예)>
① 老 ② 火 ③ 木 ④ 男

(65) (   ) - 少

(66) (   ) - 女

6. 다음 □ 속에 알맞은 漢字(한자)를 例(예)에서 골라 그 번호를 쓰세요. (67~68)

<例(예)>
① 千 ② 萬 ③ 名 ④ 夕

(67) (   ) - 一 : 어쩌다가, 혹시

(68) (   ) - 山 : 이름난 산

7. 다음 漢字의 필순에 대한 물음에 답하시오. (69~70)

(69)  水 자에서 ★표한 획은 몇 번째 쓰는지 그 번호를 숫자로 쓰시오. ……(번째)

(70) 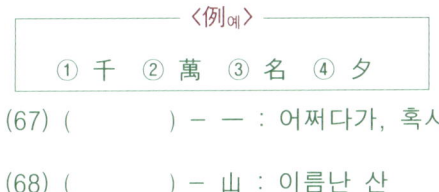 五 자에서 ★표한 획은 몇 번째 쓰는지 그 번호를 숫자로 쓰시오. ……(번째)

▶ 정답은 209쪽

제 7회 한자능력검정시험 7급 예상문제

(시험시간 : 50분. 시험문항 : 70문제. 합격문항 : 49문제이상) 성명 _____

1. 다음 漢字語(한자어)의 讀音(독음)을 쓰시오. (1~32)

<例예>
漢字 → 한자

(1) 軍人   (2) 人夫
(3) 學事   (4) 南山
(5) 人道   (6) 東海
(7) 千萬   (8) 室外
(9) 所有   (10) 外出
(11) 大國   (12) 校木
(13) 數年   (14) 時日
(15) 手中   (16) 生時
(17) 夕食   (18) 西學
(19) 登場   (20) 四十
(21) 敎生   (22) 出動
(23) 工學   (24) 食口
(25) 民家   (26) 海南
(27) 中人   (28) 天安
(29) 萬物   (30) 市中
(31) 入力   (32) 前後

2. 다음 漢字(한자)의 訓(훈)과 音(음)을 쓰시오. (33~52)

<例예>
字 → 글자 자

(33) 八   (34) 靑
(35) 車   (36) 心
(37) 金   (38) 口
(39) 秋   (40) 來
(41) 室   (42) 力
(43) 水   (44) 同
(45) 山   (46) 直
(47) 手   (48) 主
(49) 民   (50) 六
(51) 地   (52) 西

3. 다음 漢字語(한자어)의 뜻을 쓰세요. (53~54)

(53) 心中

(54) 小食

4. 다음 訓(훈)과 音(음)에 맞는 漢字(한자)를 例(예)에서 골라 그 번호를 쓰세요. (55~64)

<例예>
① 每 ② 出 ③ 歌 ④ 活 ⑤ 植
⑥ 答 ⑦ 里 ⑧ 育 ⑨ 王 ⑩ 紙

(55) 대답 답 ………… (   )
(56) 살 활 ………… (   )
(57) 날 출 ………… (   )
(58) 종이 지 ………… (   )
(59) 기를 육 ………… (   )
(60) 심을 식 ………… (   )
(61) 임금 왕 ………… (   )
(62) 노래 가 ………… (   )
(63) 매양 매 ………… (   )
(64) 마을 리 ………… (   )

5. 다음 漢字語(한자어)의 상대 또는 반대되는 漢字語를 例(예)에서 골라 그 번호를 쓰세요. (65~66)

(65) (　　　) － 月

(66) 文 － (　　　)

6. 다음 □ 속에 알맞은 漢字(한자)를 例(예)에서 골라 그 번호를 쓰세요. (67~68)

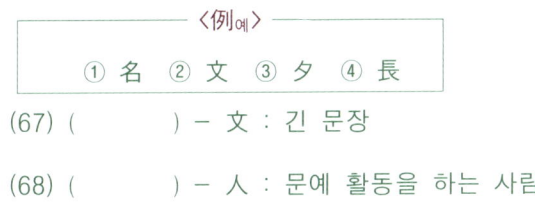

(67) (　　　) － 文 : 긴 문장

(68) (　　　) － 人 : 문예 활동을 하는 사람

7. 다음 漢字의 필순에 대한 물음에 답하시오. (69~70)

(69) 然 자에서 ★표한 획은 몇 번째 쓰는지 그 번호를 숫자로 쓰시오. ……(　　　번째)

(70) 左 자에서 ★표한 획은 몇 번째 쓰는지 그 번호를 숫자로 쓰시오. ……(　　　번째)

▶ 정답은 210쪽

제 8회 한자능력검정시험 7급 예상문제

(시험시간 : 50분. 시험문항 : 70문제. 합격문항 : 49문제이상) 성명 _____

1. 다음 漢字語(한자어)의 讀音(독음)을 쓰시오. (1~32)

   <例예>
   漢字 → 한자

   (1) 手下   (2) 力學
   (3) 小國   (4) 草木
   (5) 山中   (6) 萬有
   (7) 道學   (8) 活動
   (9) 全校生   (10) 祖上
   (11) 王道   (12) 電子
   (13) 白人   (14) 軍歌
   (15) 室內   (16) 大事
   (17) 萬一   (18) 不正
   (19) 生年   (20) 自力
   (21) 人家   (22) 直前
   (23) 五千   (24) 來韓
   (25) 入山   (26) 四寸
   (27) 內人   (28) 有名
   (29) 東山   (30) 直立
   (31) 家口   (32) 記事

2. 다음 漢字(한자)의 訓(훈)과 音(음)을 쓰시오. (33~52)

   <例예>
   字 → 글자 자

   (33) 間   (34) 場
   (35) 事   (36) 下
   (37) 五   (38) 休
   (39) 中   (40) 後
   (41) 川   (42) 女
   (43) 全   (44) 日
   (45) 校   (46) 韓
   (47) 七   (48) 工
   (49) 方   (50) 少
   (51) 空   (52) 時

3. 다음 漢字語(한자어)의 뜻을 쓰세요. (53~54)

   (53) 萬物
   (54) 生命

4. 다음 訓(훈)과 音(음)에 맞는 漢字(한자)를 例(예)에서 골라 그 번호를 쓰세요. (55~64)

   <例예>
   ① 先 ② 住 ③ 敎 ④ 姓 ⑤ 命
   ⑥ 正 ⑦ 工 ⑧ 面 ⑨ 電 ⑩ 村

   (55) 바를   정 ………… (   )
   (56) 낯   면 ………… (   )
   (57) 먼저   선 ………… (   )
   (58) 성   성 ………… (   )
   (59) 가르칠 교 ………… (   )
   (60) 장인   공 ………… (   )
   (61) 번개   전 ………… (   )
   (62) 마을   촌 ………… (   )
   (63) 살   주 ………… (   )
   (64) 목숨   명 ………… (   )

5. 다음 漢字語(한자어)의 상대 또는 반대되는 漢字語를 例(예)에서 골라 그 번호를 쓰세요. (65~66)

<例예>
① 山 ② 校 ③ 敎 ④ 川

(65) (　　　) - 學

(66) 江 - (　　　)

6. 다음 □ 속에 알맞은 漢字(한자)를 例(예)에서 골라 그 번호를 쓰세요. (67~68)

<例예>
① 活 ② 間 ③ 安 ④ 空

(67) (　　　) - 氣 : 활발한 기운

(68) (　　　) - 中 : 하늘과 땅 사이의 빈 곳

7. 다음 漢字의 필순에 대한 물음에 답하시오. (69~70)

(69) 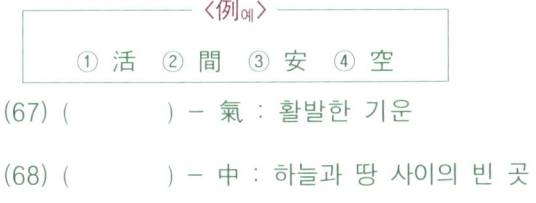 자에서 ★표한 획은 몇 번째 쓰는지 그 번호를 숫자로 쓰시오. ……(　　번째)

(70)  자에서 ★표한 획은 몇 번째 쓰는지 그 번호를 숫자로 쓰시오. ……(　　번째)

▶ 정답은 210쪽

제 9회 한자능력검정시험 7급 예상문제

(시험시간 : 50분. 시험문항 : 70문제. 합격문항 : 49문제이상) 성명 _____

1. 다음 漢字語(한자어)의 讀音(독음)을 쓰시오. (1~32)

   <例예>
   漢字 → 한자

   (1) 生水   (2) 小便
   (3) 人命   (4) 老子
   (5) 活力   (6) 七夕
   (7) 山所   (8) 平地
   (9) 萬全   (10) 母子
   (11) 道場   (12) 國敎
   (13) 正答   (14) 大海
   (15) 國中   (16) 正道
   (17) 民立   (18) 兄弟
   (19) 便安   (20) 食後
   (21) 敎學   (22) 生前
   (23) 五寸   (24) 出門
   (25) 同心   (26) 便紙
   (27) 文物   (28) 來韓
   (29) 門間   (30) 同姓
   (31) 電車   (32) 山村

2. 다음 漢字(한자)의 訓(훈)과 音(음)을 쓰시오. (33~52)

   <例예>
   字 → 글자 자

   (33) 不   (34) 村
   (35) 草   (36) 農
   (37) 軍   (38) 敎
   (39) 登   (40) 人
   (41) 門   (42) 年
   (43) 食   (44) 午
   (45) 江   (46) 寸
   (47) 有   (48) 出
   (49) 母   (50) 後
   (51) 語   (52) 孝

3. 다음 漢字語(한자어)의 뜻을 쓰세요. (53~54)

   (53) 日出
   (54) 同數

4. 다음 訓(훈)과 音(음)에 맞는 漢字(한자)를 例(예)에서 골라 그 번호를 쓰세요. (55~64)

   <例예>
   ① 休 ② 同 ③ 前 ④ 來 ⑤ 邑
   ⑥ 市 ⑦ 夕 ⑧ 林 ⑨ 國 ⑩ 所

   (55) 바 소 ………… (   )
   (56) 수풀 림 ………… (   )
   (57) 저녁 석 ………… (   )
   (58) 쉴   휴 ………… (   )
   (59) 나라 국 ………… (   )
   (60) 같을 동 ………… (   )
   (61) 고을 읍 ………… (   )
   (62) 앞   전 ………… (   )
   (63) 저자 시 ………… (   )
   (64) 올   래 ………… (   )

5. 다음 漢字語(한자어)의 상대 또는 반대되는 漢字語를 例(예)에서 골라 그 번호를 쓰세요. (65~66)

〈例(예)〉
① 海面 ② 海外 ③ 山口 ④ 入口

(65) 國內 - (   )

(66) 出口 - (   )

6. 다음 □ 속에 알맞은 漢字(한자)를 例(예)에서 골라 그 번호를 쓰세요. (67~68)

〈例(예)〉
① 軍 ② 孝 ③ 王 ④ 主

(67) (   ) - 旗 : 군대를 상징하는 깃발

(68) (   ) - 國 : 왕이 다스리는 나라

7. 다음 漢字의 필순에 대한 물음에 답하시오. (69~70)

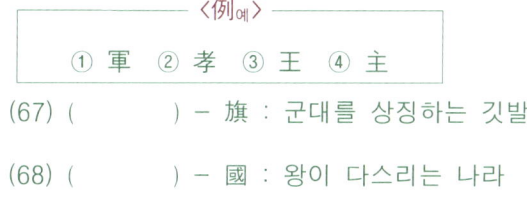

(69) 足 자에서 ★표한 획은 몇 번째 쓰는지 그 번호를 숫자로 쓰시오. ……(번째)

(70) 民 자에서 ★표한 획은 몇 번째 쓰는지 그 번호를 숫자로 쓰시오. ……(번째)

▶ 정답은 211쪽

제10회 한자능력검정시험 7급 예상문제

(시험시간 : 50분. 시험문항 : 70문제. 합격문항 : 49문제이상) 성명 _____

1. 다음 漢字語(한자어)의 讀音(독음)을 쓰시오. (1~32)

   <예例>
   漢字 → 한자

   (1) 力不足   (2) 里長
   (3) 電氣   (4) 立場
   (5) 老少   (6) 東南
   (7) 歌人   (8) 生食
   (9) 火車   (10) 入水
   (11) 大韓   (12) 正午
   (13) 住所   (14) 百花
   (15) 正立   (16) 民國
   (17) 海中   (18) 女軍
   (19) 小子   (20) 家事
   (21) 中心   (22) 不動
   (23) 敎育   (24) 市有
   (25) 國道   (26) 人生
   (27) 食前   (28) 西北
   (29) 生活   (30) 主敎
   (31) 百萬   (32) 人物

2. 다음 漢字(한자)의 訓(훈)과 音(음)을 쓰시오. (33~52)

   <예例>
   字 → 글자 자

   (33) 紙   (34) 然
   (35) 記   (36) 答
   (37) 白   (38) 安
   (39) 漢   (40) 子
   (41) 夫   (42) 手
   (43) 小   (44) 弟
   (45) 左   (46) 東
   (47) 父   (48) 自
   (49) 植   (50) 萬
   (51) 三   (52) 冬

3. 다음 漢字語(한자어)의 뜻을 쓰세요. (53~54)

   (53) 正直

   (54) 下山

4. 다음 訓(훈)과 音(음)에 맞는 漢字(한자)를 例(예)에서 골라 그 번호를 쓰세요. (55~64)

   <예例>
   ① 秋 ② 外 ③ 足 ④ 年 ⑤ 門
   ⑥ 寸 ⑦ 世 ⑧ 先 ⑨ 右 ⑩ 文

   (55) 세상 세 ………… (   )
   (56) 오른 우 ………… (   )
   (57) 발   족 ………… (   )
   (58) 마디 촌 ………… (   )
   (59) 가을 추 ………… (   )
   (60) 글월 문 ………… (   )
   (61) 해   년 ………… (   )
   (62) 바깥 외 ………… (   )
   (63) 문   문 ………… (   )
   (64) 먼저 선 ………… (   )

5. 다음 漢字語(한자어)의 상대 또는 반대되는 漢字語를 例(예)에서 골라 그 번호를 쓰세요. (65~66)

<예>
① 弟 ② 先 ③ 小 ④ 少

(65) 兄 – (   )

(66) (   ) – 後

6. 다음 □ 속에 알맞은 漢字(한자)를 例(예)에서 골라 그 번호를 쓰세요. (67~68)

<예>
① 動 ② 下 ③ 出 ④ 入

(67) (   ) – 學 : 학교에 들어가 학생이 됨

(68) (   ) – 力 : 무엇을 움직이게 하는 힘

7. 다음 漢字의 필순에 대한 물음에 답하시오. (69~70)

(69)  자에서 ★표한 획은 몇 번째 쓰는지 그 번호를 숫자로 쓰시오. ……(번째)

(70)  자에서 ★표한 획은 몇 번째 쓰는지 그 번호를 숫자로 쓰시오. ……(번째)

▶ 정답은 211쪽

【7급 II 예상문제 정답】

<제1회>

(1)시장 (2)기력 (3)수족
(4)전후 (5)공장 (6)차도
(7)활력 (8)안전 (9)시간
(10)식사 (11)평민 (12)인력
(13)강동 (14)국립 (15)공간
(16)정오 (17)농가 (18)정직
(19)좌우 (20)한강 (21)상하
(22)효녀

(23)번개 전 (24)기운 기
(25)때 시 (26)바다 해
(27)물건 물 (28)성 성
(29)모 방 (30)낮 오
(31)일 사 (32)집 가
(33)푸를 청 (34)편안할 안
(35)마디 촌 (36)성 성
(37)살 활 (38)인간 세
(39)뒤 후 (40)평평할 평
(41)사내 남 (42)빌 공

(43) 나라의 군대
(44) 스스로 움직임

(45) ⑨ (46) ② (47) ④
(48) ⑤ (49) ⑩ (50) ⑦
(51) ⑥ (52) ① (53) ⑧
(54) ③

(55) ③ (56) ②

(57) ④ (58) ③

(59) ④ (60) ④

<제2회>

(1)간식 (2)한국 (3)남하
(4)해상 (5)수기 (6)공군
(7)남녀 (8)국가 (9)팔십
(10)문하 (11)자립 (12)형제
(13)평안 (14)산간 (15)식사
(16)생활 (17)차내 (18)사후
(19)일기 (20)효도 (21)성명
(22)오뉴월

(23)빌 공 (24)말씀 화
(25)인간 세 (26)저자 시
(27)기록할 기 (28)일곱 칠
(29)배울 학 (30)아래 하
(31)집 실 (32)물건 물
(33)손 수 (34)일만 만
(35)때 시 (36)설 립
(37)집 가 (38)먼저 선
(39)어미 모 (40)바깥 외
(41)오른 우 (42)해 년

(43) 밤 열두 시로부터 낮 열두 시까지의 사이
(44) 날마다

(45) ④ (46) ③ (47) ⑧
(48) ② (49) ⑩ (50) ①
(51) ⑤ (52) ⑥ (53) ⑨
(54) ⑦

(55) ④ (56) ①

(57) ① (58) ③

(59) ③ (60) ③

<제3회>

(1)중간 (2)시립 (3)일시
(4)가내 (5)생수 (6)오후
(7)농토 (8)사전 (9)대가
(10)교학 (11)차도 (12)생물
(13)일월 (14)자동차 (15)동방
(16)동력 (17)도인 (18)부정
(19)시장 (20)평민 (21)세상
(22)수군

(23)사이 간 (24)평평할 평
(25)왼 좌 (26)배울 학
(27)오른 우 (28)바깥 외
(29)마디 촌 (30)먼저 선
(31)뒤 후 (32)넉 사
(33)사람 인 (34)여섯 륙
(35)성 성 (36)마당 장
(37)앞 전 (38)대답 답
(39)날 생 (40)온전 전
(41)효도 효 (42)모 방

(43) 넉넉하지 않음
(44) 한가운데

(45) ⑥ (46) ④ (47) ⑧
(48) ① (49) ⑨ (50) ②
(51) ⑦ (52) ⑩ (53) ⑤
(54) ③

(55) ③ (56) ④

(57) ① (58) ②

(59) ④ (60) ③

<제4회>

(1)여군 (2)역도 (3)남자
(4)인가 (5)사방 (6)공기
(7)화차 (8)후방 (9)족하
(10)전국 (11)인력거 (12)정문
(13)국명 (14)공장 (15)민사
(16)불효 (17)활기 (18)수기
(19)정답 (20)매년 (21)내실
(22)만인

(23)집 가 (24)아들 자
(25)말씀 화 (26)편안 안
(27)대답 답 (28)집 실
(29)다섯 오 (30)힘 력
(31)움직일 동 (32)작을 소
(33)바다 해 (34)왼 좌
(35)일 사 (36)기록할 기
(37)수레 거/차 (38)장인 공
(39)밥 식 (40)손 수
(41)안 내 (42)아우 제

(43) 올바른 길
(44) 농사짓는 땅

(45) ③ (46) ① (47) ⑩
(48) ⑧ (49) ⑨ (50) ⑤
(51) ② (52) ⑥ (53) ④
(54) ⑦

(55) ④ (56) ②

(57) ② (58) ④

(59) 3 (60) 5

<제5회>

(1) 서인   (2) 동문   (3) 안동
(4) 만사   (5) 불효   (6) 국학
(7) 남녀   (8) 왕실   (9) 직립
(10) 생가 (11) 팔방 (12) 전군
(13) 생물 (14) 식전 (15) 유월
(16) 효자 (17) 자립 (18) 수력
(19) 찻간 (20) 팔촌 (21) 정문
(22) 구시월

(23) 일 사   (24) 뒤 후
(25) 장인 공   (26) 스스로 자
(27) 동녘 동   (28) 학교 교
(29) 윗 상   (30) 농사 농
(31) 바다 해   (32) 해 년
(33) 낮 오   (34) 한국 한
(35) 밥 식   (36) 살 활
(37) 물건 물   (38) 푸를 청
(39) 때 시   (40) 수레 거/차
(41) 앞 전   (42) 백성 민

(43) 이름난 산, 유명한 산
(44) 모든 힘

(45) ②   (46) ⑨   (47) ①
(48) ⑥   (49) ③   (50) ⑩
(51) ⑤   (52) ⑦   (53) ⑧
(54) ④

(55) ①   (56) ②

(57) ①   (58) ③

(59) 3   (60) 1

【7급 예상문제 정답】

<제1회>

(1)대군 (2)평면 (3)문학
(4)화력 (5)남인 (6)육촌
(7)외지 (8)소변 (9)가출
(10)자주 (11)삼문 (12)가수
(13)출국 (14)백기 (15)연로
(16)추석 (17)소중 (18)천명
(19)주식 (20)이중 (21)시민
(22)명물 (23)등기 (24)초가
(25)해수 (26)인심 (27)일직
(28)지방 (29)공백 (30)후문
(31)선금 (32)일월

(33)들 입 (34)효도 효
(35)앞 전 (36)달 월
(37)저녁 석 (38)장인 공
(39)이름 명 (40)무거울 중
(41)봄 춘 (42)사람 인
(43)풀 초 (44)낮 오
(45)마을 리 (46)있을 유
(47)강 강 (48)기를 육
(49)남녘 남 (50)일천 천
(51)늙을 로 (52)긴 장/어른 장

(53) 바다 밖, 외국
(54) 영공을 지키거나 공중을 통한 공격 임무를 맡은 군인

(55) ④ (56) ① (57) ⑦
(58) ⑧ (59) ③ (60) ⑩
(61) ② (62) ⑤ (63) ⑨
(64) ⑥

(65) ② (66) ①
(67) ③ (68) ②

(69) 1 (70) 8

<제2회>

(1)전력 (2)선조 (3)면상
(4)공인 (5)민주 (6)우수
(7)청기 (8)정도 (9)출생
(10)유심 (11)상기 (12)남하
(13)삼군 (14)인명 (15)색지
(16)농림 (17)천국 (18)공학
(19)강수 (20)생육 (21)명문
(22)방편 (23)자백 (24)노년
(25)방촌 (26)기사 (27)화기
(28)해물 (29)촌로 (30)문왕
(31)동문 (32)내실

(33)꽃 화 (34)대답 답
(35)노래 가 (36)가을 추
(37)살 주 (38)말씀 어
(39)골 동 (40)지아비 부
(41)풀 초 (42)바를 정
(43)무거울 중 (44)목숨 명
(45)마당 장 (46)쉴 휴
(47)때 시 (48)바 소
(49)세상 세 (50)밥 식/먹을 식
(51)오를 등 (52)따 지/땅 지

(53) 이름난 사람
(54) 도시 안

(55) ⑤ (56) ⑨ (57) ②
(58) ⑧ (59) ⑦ (60) ⑩
(61) ① (62) ④ (63) ⑥
(64) ③

(65) ① (66) ③
(67) ③ (68) ②

(69) 10 (70) 10

<제3회>

(1)군기 (2)서편 (3)오백
(4)면전 (5)대왕 (6)지상
(7)동일 (8)하차 (9)해녀
(10)이세 (11)전차 (12)남면
(13)인명 (14)동해 (15)문인
(16)입장 (17)북상 (18)연내
(19)삼색 (20)백화 (21)여심
(22)하수 (23)부로 (24)유월
(25)유력 (26)천추 (27)조국
(28)북산 (29)추수 (30)연상
(31)시내 (32)선수

(33)마음 심 (34)서녘 서
(35)글월 문 (36)날 생
(37)목숨 명 (38)성 성
(39)물을 문 (40)셈 수
(41)낮 오 (42)매양 매
(43)해 년 (44)쇠 금/성 김
(45)편안할 안 (46)빛 색
(47)설 립 (48)풀 초
(49)낯 면 (50)일만 만
(51)일백 백 (52)왼 좌

(53) 산과 시내. 자연
(54) 학교의 기풍을 나타내는 노래

(55) ⑨ (56) ① (57) ⑧
(58) ⑥ (59) ③ (60) ⑩
(61) ② (62) ⑦ (63) ④
(64) ⑤

(65) ② (66) ①

(67) ② (68) ④

(69) 3 (70) 8

<제4회>

(1)국왕 (2)동명 (3)하오
(4)동편 (5)연하 (6)동장
(7)상수 (8)지평 (9)주교
(10)연소 (11)서해 (12)구십
(13)연중 (14)백지 (15)등산
(16)한인 (17)방면 (18)내지
(19)남해 (20)부왕 (21)삼생
(22)문안 (23)백세 (24)내월
(25)학문 (26)노형 (27)대문
(28)전력 (29)장강 (30)지하
(31)부녀 (32)소학

(33)빌 공 (34)낮 오
(35)살 활 (36)군사 군
(37)길 도 (38)하늘 천
(39)저자 시 (40)온전 전
(41)북녘 북 (42)올 래
(43)나라 국 (44)문 문
(45)가운데 중 (46)나무 목
(47)바다 해 (48)어미 모
(49)일천 천 (50)아닐 불/부
(51)집 실/방 실 (52)밖 외/바깥 외

(53) 주권이 국민에게 있음
(54) 하늘과 땅. 세상

(55) ④ (56) ⑥ (57) ②
(58) ⑨ (59) ⑤ (60) ⑦
(61) ① (62) ⑧ (63) ⑩
(64) ③

(65) ② (66) ③

(67) ④ (68) ①

(69) 5 (70) 8

<제5회>

(1)장대 (2)국군 (3)수평
(4)학년 (5)지상 (6)군문
(7)여왕 (8)인기 (9)간지
(10)서산 (11)대학 (12)수도
(13)동시 (14)수일 (15)교주
(16)지명 (17)가사 (18)우편
(19)모자 (20)산간 (21)교기
(22)장문 (23)만사 (24)자제
(25)활동 (26)노년 (27)문외
(28)천년 (29)북해 (30)오만
(31)하문 (32)상명

(33)안 내 (34)꽃 화
(35)장인 공 (36)임금 왕
(37)쉴 휴 (38)수풀 림
(39)기록할 기 (40)할아비 조
(41)오를 등 (42)기운 기
(43)물건 물 (44)먼저 선
(45)농사 농 (46)발 족
(47)낯 면 (48)셈 산
(49)윗 상 (50)봄 춘
(51)일곱 칠 (52)편할 편/똥오줌 변

(53) 하늘의 위, 또는 하늘 위의 세계
(54) 나무를 심음

(55) ⑥ (56) ⑤ (57) ⑧
(58) ⑨ (59) ② (60) ④
(61) ③ (62) ① (63) ⑩
(64) ⑦

(65) ② (66) ①
(67) ③ (68) ④

(69) 1 (70) 4

<제6회>

(1)교화 (2)만방 (3)가형
(4)삼국 (5)모녀 (6)인구
(7)문중 (8)수하 (9)장남
(10)공부 (11)수화 (12)휴학
(13)국사 (14)소수 (15)수년
(16)동학 (17)청목 (18)초식
(19)군사 (20)금색 (21)천상
(22)만년 (23)차도 (24)농심
(25)교인 (26)출력 (27)상동
(28)하명 (29)백면 (30)수중
(31)유색 (32)천연

(33)아홉 구 (34)안 내
(35)스스로 자 (36)꽃 화
(37)이름 명 (38)평평할 평
(39)설 립 (40)아들 자
(41)글월 문 (42)형 형
(43)긴 장/어른 장 (44)말씀 어
(45)마을 촌 (46)나라 국
(47)겨울 동 (48)흙 토
(49)있을 유 (50)하늘 천
(51)살 주 (52)날 생/살 생

(53) 학교 내의 일을 관리, 감독하고 학교를 대표하는 사람
(54) 땅 속

(55) ⑤ (56) ⑥ (57) ②
(58) ④ (59) ① (60) ⑨
(61) ⑩ (62) ⑧ (63) ③
(64) ⑦

(65) ① (66) ④
(67) ② (68) ③

(69) 4 (70) 3

<제7회>

(1)군인 (2)인부 (3)학사
(4)남산 (5)인도 (6)동해
(7)천만 (8)실외 (9)소유
(10)외출 (11)대국 (12)교목
(13)수년 (14)시일 (15)수중
(16)생시 (17)석식 (18)서학
(19)등장 (20)사십 (21)교생
(22)출동 (23)공학 (24)식구
(25)민가 (26)해남 (27)중인
(28)천안 (29)만물 (30)시중
(31)입력 (32)전후

(33)여덟 팔 (34)푸를 청
(35)수레 거/차 (36)마음 심
(37)쇠 금/성 김 (38)입 구
(39)가을 추 (40)올 래
(41)집 실 (42)힘 력
(43)물 수 (44)같을 동
(45)산 산 (46)곧을 직
(47)손 수 (48)주인 주
(49)백성 민 (50)여섯 륙
(51)땅 지 (52)서녘 서

(53) 마음 속
(54) 음식을 적게 먹음

(55) ⑥   (56) ④   (57) ②
(58) ⑩   (59) ⑧   (60) ⑤
(61) ⑨   (62) ③   (63) ①
(64) ⑦

(65) ③   (66) ②

(67) ④   (68) ②

(69) 8   (70) 2

<제8회>

(1)수하 (2)역학 (3)소국
(4)초목 (5)산중 (6)만유
(7)도학 (8)활동 (9)전교생
(10)조상 (11)왕도 (12)전자
(13)백인 (14)군가 (15)실내
(16)대사 (17)만일 (18)부정
(19)생년 (20)자력 (21)인가
(22)직전 (23)오천 (24)내한
(25)입산 (26)사촌 (27)내인/나인
(28)유명 (29)동산 (30)직립
(31)가구 (32)기사

(33)사이 간 (34)마당 장
(35)일 사 (36)아래 하
(37)다섯 오 (38)쉴 휴
(39)가운데 중 (40)뒤 후
(41)내 천 (42)계집 녀
(43)온전 전 (44)날 일/해 일
(45)학교 교 (46)나라 한
(47)일곱 칠 (48)장인 공
(49)모 방 (50)적을 소
(51)빌 공 (52)때 시

(53) 모든 사물
(54) 목숨

(55) ⑥   (56) ⑧   (57) ①
(58) ④   (59) ③   (60) ⑦
(61) ⑨   (62) ⑩   (63) ②
(64) ⑤

(65) ③   (66) ①

(67) ①   (68) ④

(69) 4   (70) 4

<제9회>

(1)생수 (2)소변 (3)인명
(4)노자 (5)활력 (6)칠석
(7)산소 (8)평지 (9)만전
(10)모자 (11)도장 (12)국교
(13)정답 (14)대해 (15)국중
(16)정도 (17)민립 (18)형제
(19)편안 (20)식후 (21)교학
(22)생전 (23)오촌 (24)출문
(25)동심 (26)편지 (27)문물
(28)내한 (29)문간 (30)동성
(31)전차 (32)산촌

(33)아닐 불 / 부   (34)마을 촌
(35)풀   초   (36)농사 농
(37)군사 군   (38)가르칠 교
(39)오를 등   (40)사람 인
(41)문   문   (42)해   년
(43)밥   식   (44)낮   오
(45)강   강   (46)마디 촌
(47)있을 유   (48)날   출
(49)어미 모   (50)뒤   후
(51)말씀 어   (52)효도 효

(53) 해돋이
(54) 같은 수

(55) ⑩ (56) ⑧ (57) ⑦
(58) ① (59) ⑨ (60) ②
(61) ⑤ (62) ③ (63) ⑥
(64) ④

(65) ② (66) ④

(67) ① (68) ③

(69) 5   (70) 3

<제10회>

(1)역부족 (2)이장 (3)전기
(4)입장 (5)노소 (6)동남
(7)가인 (8)생식 (9)화차
(10)입수 (11)대한 (12)정오
(13)주소 (14)백화 (15)정립
(16)민국 (17)해중 (18)여군
(19)소자 (20)가사 (21)중심
(22)부동 (23)교육 (24)시유
(25)국도 (26)인생 (27)식전
(28)서북 (29)생활 (30)주교
(31)백만 (32)인물

(33)종이 지   (34)그럴 연
(35)기록할 기   (36)대답 답
(37)흰   백   (38)편안 안
(39)한수 한/나라 한 (40)아들 자
(41)지아비 부   (42)손   수
(43)작을 소   (44)아우 세
(45)왼   좌   (46)동녘 동
(47)아비 부   (48)스스로 자
(49)심을 식   (50)일만 만
(51)석   삼   (52)겨울 동

(53) 바르고 곧음
(54) 산에서 내려옴

(55) ⑦ (56) ⑨ (57) ③
(58) ⑥ (59) ① (60) ⑩
(61) ④ (62) ② (63) ⑤
(64) ⑧

(65) ① (66) ②

(67) ④ (68) ①

(69) 4   (70) 3

< 정답 >

1.내일　2.내년　3.내세　4.내한　5.역도　6.역부족　7.노인　8.노소　9.노년
10.노후　11.노부모　12.이장　13.입춘　14.입하　15.입추　16.입동　17.입장　18.남녀
19.해녀　20.효녀　21.남남북녀　22.기력　23.수력　24.유력　25.전력　26.전력
27.중력　28.화력　29.활력　30.인력거　31.동리　32.십리　33.수천리　34.수만리
35.산림　36.육림　37.촌로　38.국유림　39.자립　40.직립　41.매년　42.백년
43.소녀　44.수년　45.소년　46.천만년　47.찻간　48.숫자

부록(附錄)

- 한자의 한글맞춤법
- 읽기장
- 부수자 일람표

7급·7급Ⅱ에 나오는 한자(漢字)의 한글 맞춤법

< 소리에 관한 것 >

• **두음법칙**(頭音法則)은 우리말의 첫음절 소리가 'ㄹ'이나 'ㄴ'이 옴을 꺼리는 현상을 말한다.

① 한자음 '래, 력, 로, 리'가 단어 첫머리에 올 적에는 '내, 역, 노, 이'로 적는다.
  내일(來日) 내년(來年) 내세(來:世) 내한(來:韓) 역도(力道) 역부족(力不足)
  노인(老:人) 노소(老:少) 노년(老:年) 노후(老:後) 노부모(老:父母) 이장(里:長)
  입춘(立春) 입하(立夏) 입추(立秋) 입동(立冬) 입장(立場) 등.

② 단어의 첫머리 이외의 경우에는 본래의 음을 적는다.
  남녀(男女) 해녀(海:女) 효녀(孝:女) 남남북녀(南男北女) 기력(氣力) 수력(水力)
  유력(有:力) 전력(全力) 전력(電:力) 중력(重:力) 화력(火:力) 활력(活力)
  인력거(人力車) 동리(洞:里) 십리(十里) 수천리(數:千里) 수만리(數:萬里)
  산림(山林) 육림(育林) 촌로(村:老) 국유림(國有林) 자립(自立) 직립(直立)
  매년(每:年) 백년(百年) 소녀(少:女) 수년(數:年) 소년(少:年) 천만년(千萬年) 등.

< 그 밖의 것 >

• **사이시옷**은 몇 개의 두 음절로 된 한자어에서, 뒷마디의 첫소리를 된소리로 나게 하거나 'ㄴ'소리를 첨가하기 위해 앞말에 받치어 적는 'ㅅ' 받침을 말한다.
  찻간(車間) 숫자(數:字) 등.

♣ 다음 한자어(漢字語)의 독음(讀音)을 쓰시오.   ▶정답은 212쪽

1.來日 ( )   2.來年 ( )   3.來:世 ( )   4.來:韓 ( )

5.力道 ( )   6.力不足 ( )   7.老:人 ( )   8.老:少 ( )

9.老:年 ( )   10.老後 ( )   11.老:父母 ( )   12.里:長 ( )

13.立春 ( )   14.立夏 ( )   15.立秋 ( )   16.立冬 ( )

17.立場 ( )   18.男女 ( )   19.海:女 ( )   20.孝:女 ( )

21.南男北女 ( )   22.氣力 ( )   23.水力 ( )   24.有:力 ( )

25.全力 ( )   26.電:力 ( )   27.重:力 ( )   28.火:力 ( )

29.活力 ( )   30.人力車 ( )   31.洞:里 ( )   32.十里 ( )

33.數:千里 ( )   34.數:萬里 ( )   35.山林 ( )   36.育林 ( )

215

♣ 다음 한자어(漢字語)의 독음(讀音)을 쓰시오. ▶정답은 212쪽

37. 村老 (　　　)　38. 國有林 (　　　)　39. 自立 (　　　)　40. 直立 (　　　)

41. 每:年 (　　　)　42. 百年 (　　　)　43. 少:女 (　　　)　44. 數:年 (　　　)

45. 少:年 (　　　)　46. 千萬年 (　　　)　47. 車間 (　　　)　48. 數:字 (　　　)

♣ 한자(漢字)의 훈음(訓音)을 가리고, 소리내어 읽어보시오.

7급(7급Ⅱ)-1

家	歌	間	江	車	工	空
집 가	노래 가	사이 간	강 강	수레 거	장인 공	빌 공
校	敎	九	口	國	軍	金
학교 교	가르칠 교	아홉 구	입 구	나라 국	군사 군	쇠 금
氣	旗	記	南	男	內	女
기운 기	기 기	기록할 기	남녘 남	사내 남	안 내	계집 녀
年	農	答	大	道	冬	動
해 년	농사 농	대답 답	큰 대	길 도	겨울 동	움직일 동
同	洞	東	登	來	力	老
한가지 동	골 동	동녘 동	오를 등	올 래	힘 력	늙을 로
六	里	林	立	萬	每	面
여섯 륙	마을 리	수풀 림	설 립	일만 만	매양 매	낯 면
名	命	母	木	問	文	門
이름 명	목숨 명	어미 모	나무 목	물을 문	글월 문	문 문
物	民	方	白	百	夫	父
물건 물	백성 민	모 방	흰 백	일백 백	지아비 부	아비 부

♣ 한자(漢字)의 훈음(訓音)을 가리고, 소리내어 읽어보시오.

7급(7급Ⅱ)-2

北	不	事	四	山	算	三
북녘 북	아닐 불	일 사	넉 사	메 산	셈 산	석 삼
上	色	生	西	夕	先	姓
윗 상	빛 색	날 생	서녘 서	저녁 석	먼저 선	성 성
世	小	少	所	水	手	數
인간 세	작을 소	적을 소	바 소	물 수	손 수	셈 수
市	時	食	植	室	心	十
저자 시	때 시	밥 식	심을 식	집 실	마음 심	열 십
安	語	然	五	午	王	外
편안 안	말씀 어	그럴 연	다섯 오	낮 오	임금 왕	바깥 외
右	月	有	育	邑	二	人
오른 우	달 월	있을 유	기를 육	고을 읍	두 이	사람 인
一	日	入	子	字	自	場
한 일	날 일	들 입	아들 자	글자 자	스스로 자	마당 장
長	全	前	電	正	弟	祖
긴 장	온전 전	앞 전	번개 전	바를 정	아우 제	할아비 조

♣ 한자(漢字)의 훈음(訓音)을 가리고, 소리내어 읽어보시오.

7급(7급Ⅱ)-3

足	左	主	住	中	重	地
발 족	왼 좌	주인 주	살 주	가운데 중	무거울 중	따 지
紙	直	千	川	天	靑	草
종이 지	곧을 직	일천 천	내 천	하늘 천	푸를 청	풀 초
寸	村	秋	春	出	七	土
마디 촌	마을 촌	가을 추	봄 춘	날 출	일곱 칠	흙 토
八	便	平	下	夏	學	漢
여덟 팔	편할 편	평평할 평	아래 하	여름 하	배울 학	한수 한
韓	海	兄	火	花	話	活
한국 한	바다 해	형 형	불 화	꽃 화	말씀 화	살 활
孝	後	休				
효도 효	뒤 후	쉴 휴				

부수자(部首字: 214자) 일람표(一覽表)

1획
- 一 한 일
- 丨 뚫을 곤
- 丶 점 주
- 丿 삐칠 별
- 乙 새 을
- 亅 갈고리 궐

2획
- 二 두 이
- 亠 머리부분 두
- 人亻 사람 인
- 儿 어진사람인
- 入 들 입
- 八 나눌 팔
- 冂 멀 경
- 冖 덮을 멱
- 冫 얼음 빙
- 几 걸상 궤
- 凵 입벌릴 감
- 刀 칼 도
- 力 힘 력
- 勹 감쌀 포
- 匕 숟가락 비
- 匚 상자 방
- 匸 감출 혜
- 十 열 십
- 卜 점 복
- 卩 병부절
- 厂 언덕 한
- 厶 사사 사
- 又 손 우

3획
- 口 입 구
- 囗 에워쌀 위
- 土 흙 토
- 士 선비 사
- 夂 뒤져올 치
- 夊 천천히 걸을 쇠
- 夕 저녁 석
- 大 큰 대
- 女 계집 녀
- 子 아들 자
- 宀 집 면
- 寸 마디 촌
- 小 작을 소
- 尢 절름발이 왕
- 尸 누울 시
- 屮 싹날 철
- 山 메 산
- 巛 내 천
- 工 장인 공
- 己 몸 기
- 巾 수건 건
- 干 방패 간
- 幺 작을 요
- 广 집 엄
- 廴 연이어 걸을 인
- 廾 두손 공
- 弋 주살 익
- 弓 활 궁
- 彐彑 돼지머리 계
- 彡 무늬 삼
- 彳 걸을 척

4획
- 心 마음 심
- 戈 창 과
- 戶 지게문 호
- 手扌 손 수
- 支 나눌 지
- 攴攵 칠 복
- 文 글월 문
- 斗 말 두
- 斤 도끼 근
- 方 모 방
- 无 없을 무
- 日 해 일
- 曰 말할 왈
- 月 달 월
- 木 나무 목
- 欠 하품 흠
- 止 그칠 지
- 歹 남은뼈 알
- 殳 창 수
- 毋 말 무
- 比 견줄 비
- 毛 터럭 모
- 氏 뿌리 씨
- 气 기운 기
- 水氵 물 수
- 火灬 불 화
- 爪 손톱 조
- 父 아비 부
- 爻 점괘 효
- 爿 조각 장

5획
- 片 조각 편
- 牙 어금니 아
- 牛 소 우
- 犬 개 견

5획
- 玄 검을 현
- 玉王 구슬 옥
- 瓜 외 과
- 瓦 기와 와
- 甘 달 감
- 生 날 생
- 用 쓸 용
- 田 밭 전
- 疋 발 소
- 疒 병들 녁
- 癶 걸을 발
- 白 흰 백
- 皮 가죽 피
- 皿 그릇 명
- 目 눈 목
- 矛 창 모
- 矢 화살 시
- 石 돌 석
- 示 보일 시
- 禸 짐승발자국 유
- 禾 벼 화
- 穴 구멍 혈
- 立 설 립

6획
- 竹 대 죽
- 米 쌀 미
- 糸 실 사
- 缶 장군 부
- 网罒 그물 망
- 羊 양 양
- 羽 날개 우
- 老 늙을 로
- 而 말이을 이
- 耒 쟁기 뢰
- 耳 귀 이
- 聿 붓 률
- 肉月 고기 육
- 臣 신하 신
- 自 코 자
- 至 이를 지
- 臼 절구 구
- 舌 혀 설

6획
- 舛 어그러질 천
- 舟 배 주
- 艮 괘이름 간
- 色 빛 색
- 艸艹 풀 초
- 虍 범무늬 호
- 虫 벌레 충
- 血 피 혈
- 行 다닐 행
- 衣 옷 의
- 襾 덮을 아

7획
- 見 볼 견
- 角 뿔 각
- 言 말씀 언
- 谷 골 곡
- 豆 콩 두
- 豕 돼지 시
- 豸 사나운짐승 치
- 貝 조개 패
- 赤 붉을 적
- 走 달릴 주
- 足 발 족
- 身 몸 신
- 車 수레 거(차)
- 辛 매울 신
- 辰 별 진
- 辵 갈 착
- 邑 고을 읍
- 酉 술 유
- 釆 분별할 변
- 里 마을 리

8획
- 金 쇠 금
- 長 긴 장
- 門 문 문
- 阜 언덕 부
- 隶 미칠 체
- 隹 새 추
- 雨 비 우
- 靑 푸를 청
- 非 아닐 비

9획
- 面 낯 면
- 革 가죽 혁
- 韋 다룸가죽 위
- 韭 부추 구

9획
- 音 소리 음
- 頁 머리 혈
- 風 바람 풍
- 飛 날 비
- 食 밥 식
- 首 머리 수
- 香 향기 향

10획
- 馬 말 마
- 骨 뼈 골
- 高 높을 고
- 髟 털늘어질 표
- 鬥 싸울 투
- 鬯 기장술 창
- 鬲 오지병 격
- 鬼 귀신 귀

11획
- 魚 물고기 어
- 鳥 새 조
- 鹵 소금밭 로
- 鹿 사슴 록
- 麥 보리 맥
- 麻 삼 마

12획
- 黃 누를 황
- 黍 기장 서
- 黑 검을 흑
- 黹 바느질할 치

13획
- 黽 맹꽁이 맹
- 鼎 솥 정
- 鼓 북 고
- 鼠 쥐 서

14획
- 鼻 코 비
- 齊 가지런할 제

15획
- 齒 이 치

16획
- 龍 용 룡
- 龜 거북 귀

17획
- 龠 피리 약